Integrated
and
International Marketing
Communication Approach
in Tourism of Beijing

北京旅游形象
国际传播方案

邹统钎　主编

旅游教育出版社
·北京·

策 划：赖春梅
责任编辑：陈 志

图书在版编目（CIP）数据

北京旅游形象国际传播方案／邹统钎主编．——北京：旅游教育出版社，2017.7
  ISBN 978-7-5637-3577-8

Ⅰ.①北… Ⅱ.①邹… Ⅲ.①城市旅游－旅游业－国际营销－研究－北京 Ⅳ.①F592.71

中国版本图书馆CIP数据核字（2017）第130444号

北京旅游形象国际传播方案
邹统钎　主编

出版单位	旅游教育出版社
地　　址	北京市朝阳区定福庄南里1号
邮　　编	100024
发行电话	（010）65778403 65728372 65767462（传真）
本社网址	www.tepcb.com
E-mail	tepfx@163.com
印刷单位	北京京华虎彩印刷有限公司
经销单位	新华书店
开　　本	710毫米×1000毫米 1/16
印　　张	12.25
字　　数	196千字
版　　次	2017年7月第1版
印　　次	2017年7月第1次印刷
定　　价	46.00元

（图书如有装订差错请与发行部联系）

本成果受以下基金项目资助：

1．北京市教育委员会 2013 年度创新能力提升计划项目"北京旅游形象国际整合营销与创新传播战略研究（2013—2015 年）"（人文社科艺术类 TJSHS201310031011）

2．北京市社会科学基金（项目编号：15JDJGA006）："'一带一路'背景下京津冀旅游一体化战略研究"

3．教师队伍建设——组织部高创计划教学名师（市级）（PXM2016_014221_000010_00206291_FCG）

目 录

第一篇　北京旅游形象营销现状与海外营销方案……………………001

　　第一节　北京旅游形象国际传播实例与路径 ………………002
　　第二节　北京主要客源国游客对旅游形象感知差异研究 ……010
　　第三节　"美丽北京"海外营销宣传方案 ………………………019

第二篇　北京旅游形象的多国别传播方案………………………………025

　　第一节　北京旅游目的地形象东西方感知差异及传播策略
　　　　　　——基于韩国、美国旅游者的博客分析 ……………026
　　第二节　北京旅游形象感知及传播方案
　　　　　　——以韩国客源市场为例 ………………………………037
　　第三节　北京国际旅游形象感知分析及传播方案设计
　　　　　　——基于美国客源市场 …………………………………056
　　第四节　北京对外旅游形象设计与传播
　　　　　　——以俄罗斯和美国为例 ………………………………079
　　第五节　"惊"系列活动（Surprising Beijing）
　　　　　　对日传播方案 ………………………………092
　　第六节　新技术、新媒体、新形象
　　　　　　——北京旅游形象在英国的推广传播方案 …………101

第七节　北京旅游形象在东欧地区的传播方案
　　　　——以匈牙利为例 …………………………………… 112

第三篇　旅游形象传播：新技术、新媒体、新思路 ……………… 121

第一节　景观眼动研究及应用 …………………………………… 122
第二节　VR新媒体互动传播与体验营销 ………………………… 127
第三节　运用新媒体进行北京旅游形象国际传播方案 ………… 135
第四节　新媒体在北京旅游形象国际传播中的应用策略研究 … 143
第五节　新形势下北京旅游形象国际传播及新媒体运用方案 … 149
第六节　"帝都古韵，岁月留京"
　　　　——北京区域热词活动策划和传播方案 ……………… 158
第七节　指尖上的北京：移动互联网时代的
　　　　旅游形象传播思路 ………………………………………… 176

参考文献 ……………………………………………………………… 185

后记 …………………………………………………………………… 188

第一篇 北京旅游形象营销现状与海外营销方案

第一节　北京旅游形象国际传播实例与路径

银淑华　晨星[①]

一、引言

2009 年，国务院《关于加快旅游业发展的意见》中提出"把旅游业培育成国民经济的战略性支柱产业和人民群众更加满意的现代服务业"的指导思想和"积极发展入境旅游"的基本原则。目前，旅游业已成为北京市经济发展的支柱产业，北京作为中国的首善之区，北京入境旅游的发展规模和水平体现了北京旅游业发展的成熟程度，同时对于北京建设"世界城市"有着重要作用。

北京作为中国的首都，有着悠久的城市发展史，这造就了北京丰富的历史文化旅游资源。在日趋激烈的旅游市场竞争中，旅游者需求层次不断提高，北京旅游形象的塑造日益成为北京旅游发展的保障，如何完整有效并且经济地将旅游形象及其蕴含的城市文化传递给国际游客成为影响北京旅游竞争力的关键因素。因此，如何在旅游者心目中建立一个国际化的北京旅游形象，如何将这个形象传播给国际游客，已成为政府、旅游企业和学界关注的重点。

二、北京入境旅游情况

北京市统计局提供的数据显示，北京市 2015 年 1—11 月累计接待入境游客 391.2 万人次，比上年同期下降 1.6%。其中，接待外国游客 333.8 万人次，同比下降 1.9%；接待港澳台游客 57.4 万人次，同比增长 0.7%。可以看出，2015 年北京市入境旅游人数依旧呈下降趋势，虽然港澳台地区人数与去年同

---

① 银淑华，北京第二外国语学院副教授，主要研究方向：旅游市场营销等；晨星，北京第二外国语学院旅游管理学院。

期相比有所上升,但由于其人数占整个国际市场的比重较小,所以无法改变北京市入境旅游人数下降的趋势。国家旅游局发布的统计数据显示,2015年全年接待入境旅游人数1.33亿人次,同比增长4%,是我国入境旅游3年来首次止跌回升。携程旅行网发布的《2016年入境游趋势分析报告》显示,包括港澳台在内的十大入境游客源地及地区的同比增长均超过100%,其中韩国游客入境人数同比增长3倍有余,是目前入境游最大的客源国,其次为日本,同比增长200%。而在这种全国旅游趋势回暖的情况下,北京的旅游形势仍旧难以回转,整体形势不容乐观。

2016年1—10月,北京市累计接待入境游客351.2万人次,比上年同期下降0.6%。其中,接待外国游客300万人次,下降0.5%;接待港澳台游客51.2万人次,下降1.1%。从主要客源国情况看,1—10月,累计接待美国游客60.4万人次,增长1.6%;接待韩国游客32.6万人次,下降5%;接待日本游客20.7万人次,下降3.9%。从洲际客源市场情况看,1—10月,累计接待亚洲游客(不含港澳台)104.7万人次,下降5.4%;接待欧洲游客90.4万人次,下降0.5%;接待美洲游客81.8万人次,增长4.3%;接待大洋洲游客15.3万人次,增长12.4%;接待非洲游客7.5万人次,增长0.6%。

三、北京入境旅游的影响因素

(一)客源国经济状况

2015年全球经济增长速度恢复过慢、复苏脆弱且不均衡、结构改革举步维艰。世界整体范围内的6年经济衰退以来,经济仍难现明显复苏迹象,失业率居高不下,贫富差距日益扩大。2015年主要发达国家的就业状况虽有所改善,但仍然难以挽回失业率居高不下的状况,这导致了全球整体经济状况的不乐观局面,进而影响旅游消费,北京入境旅游的国际游客量自2011年以来呈现逐年减少的局面。

(二)物价因素

近年来,我国物价呈现出持续上涨的局面,物价的上涨使得中国的入境旅游与其他亚洲国家相比,竞争力大幅减少,许多有前往中国出游计划的国际游客选择前往周边物价更为低廉的国家旅行,如泰国、越南等地,这大大提高了国际游客出行的性价比,所以物价的上涨使得中国丢失了大批具有入境潜力的国际游客,使得入境游客逐年减少,这在根本上不利于北京入境旅游的发展。

(三)空气质量

经济的高速发展使得北京的环境问题越来越突出,其中最为严重的是空气污染——雾霾问题。在环球视频采访中,网友们认为北京不好的地方主要集中在以下几点:污染,空气污染肯定是每个人都关注的;天气,也是污染,北京的空气质量非常糟糕,有点儿脏;可能是北京的一些食物吧,吃起来和新西兰的食物差别很大;我很喜欢中国的食品和中国菜,但是最近我看了几个关于中国的食品不好的消息,由于我吃过很多中国的鸡肉和猪肉,导致我的心情不是很好。从中可以发现,人们最为关注的问题便是空气污染。在中文问答网站"知乎上",BD BBJJ 说道:"我认识的老外还挺多的,感觉如果没有空气污染,大部分都挺喜欢北京的,但是空气污染一项就让几乎所有人都不想常驻北京。"用户 vczh 说道:"在我这几个月与美国人的交谈中,他们的印象就是 air pollution!"空气质量是影响目的地旅游吸引力和竞争力的重要环境因素。近几年,北京雾霾问题加剧,如图 1-1 所示,空气污染对北京入境旅游市场需求的负面影响凸显。

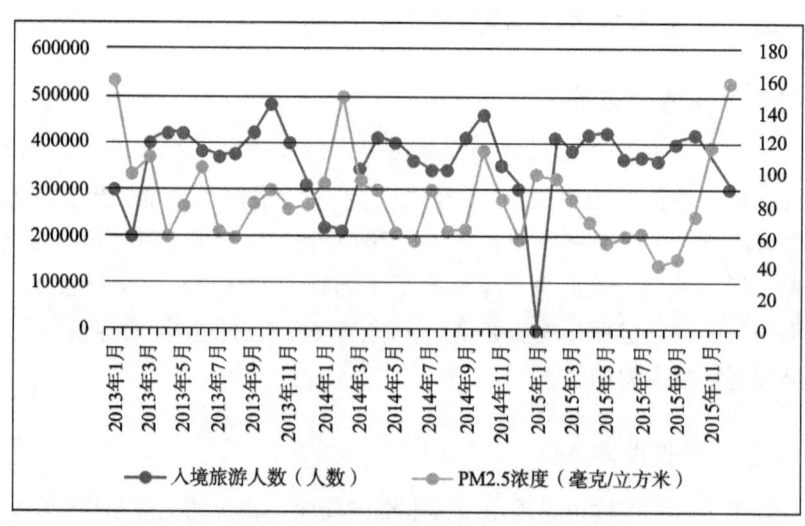

图 1-1　北京市入境人数与空气质量关系趋势图

资料来源:北京市环保局

（四）中间者评论

随着大众媒体的日渐普及，越来越多的游客选择从社交媒体获取旅游信息，大众社交媒体在人们出行选择中的影响力日益提高。其中，意见领袖逐渐崛起，他们在社交媒体上发表自己的观点，凭借其强大的社会影响力来影响游客的选择。在国外问答网站"Quora"上，迈克·科马克（Mike Coemack）表示她不会怀念北京，主要原因在于污染、公共交通拥堵、难看的建筑、食品安全问题以及缺乏私人空间概念；埃默里克·埃农（Emeric Henon）描述道："当你一到北京，你就能听到人们互相叫喊——不要担心，他们只是在说话，就像你所知道的那样，他们用普通话很大声的说话为了让你注意其实不是很值得注意的事情（当然北京也是一个真的很平静、安详的城市，当你知道你该去哪里的时候）。"北京旅游发展中的游客素质不高以及空气污染等问题让游客的负面评价越来越多，这在潜意识中影响了旅游者的决策，使得北京的入境旅游者呈现减少的趋势。

（五）入境旅行社门槛高

在入境旅行社的发展中，由于资金短缺，旅行社积极性不高，许多人将注意力投向如何解决资金问题，对于旅游产品的创新较少关注。这使得北京的入境旅游市场呈现出乏善可陈的局面，入境游客对于市场上的旅游产品感到厌倦，不能提高北京旅游产品的吸引力。入境游客的重游率逐渐降低，使得入境游客逐年减少。北京的入境旅游市场竞争力减弱，在旅游地生命周期中，北京旅游形象进入到衰退期阶段。

四、北京旅游宣传推介实例

（一）政府间的交流与合作

2012年，根据中俄两国元首达成的共识，2012年和2013年将分别在中国和俄罗斯举办"俄罗斯旅游年"和"中国旅游年"活动，这是继互办"国家年"及"语言年"之后，中俄两国举办的又一重大主题年活动。

2012年，韩国济州道和北京市在北京签署发展双方旅游产业合作协议，双方以济州岛和长城为主题举行国际学术会议，就世界自然与文化遗产的系统保护和利用方案进行探讨。双方商定，开通直航航线和旅游旺季包机，开发旅游资源和旅游商品，给对方游客提供多方面优惠，促进旅游相关专业人才交流，共享旅游信息和培训，为对方举办旅游推介会和网络上载旅游信息提供帮助等。

2013年，北京市旅游委与捷克捷中友好合作协会签署合作备忘录，双方共同举办中国北京和捷克相关城市的推广活动，宣传文化遗产、历史古迹、自然财富和传统；推动旅行社和旅游业机构之间的交流；互换中国北京与捷克相关城市的国际展会、旅游项目与交流活动的信息。

2013年，北京市旅游发展委员会代表团走访美国费城，签署世界旅游城市联合会与费城市的合作谅解备忘录，利用世界旅游城市联合会平台促进费城市与北京及联合会会员之间的城市的旅游合作。

2013年，印度尼西亚万隆市旅游促进局和北京市旅游发展委员会签署旅游合作谅解备忘录，双方合作领域包括出版旅游推广刊物、召开展会和旅游行业洽谈会、输送客源、推广旅游目的地、互换信息和市场研发等合作项目。

2013年，北京市常务副市长李士祥与哥本哈根市市长签署两市旅游合作备忘录，两市进一步促进双方旅游专业人士的互访和调研工作，加强统计数据、旅游目的地和旅游产品推广渠道等方面的信息共享和交流，共同推进旅游业立法。双方还特别讨论了推行旅游签证便利化政策的可能性，优化飞机航线连接，为游客出行提供更多便利。

（二）"友城之约"网络对话

2013年5月28日，由北京市人民政府外事办公室、北京市人民政府新闻办公室与"国际在线"联合举办的"2013友城之约——北京·曼谷对话"在北京举行。泰国曼谷副市长阿蒙·吉察渊衮、曼谷文化体育旅游局副局长索瓦蓬，以及北京市旅游发展委员会副主任宋宇共同参与对话。在50分钟的对话过程中，双方城市嘉宾共话历史友谊，共谋合作共赢；交流治理交通拥堵、基础设施建设等城市发展、规划理念，共商非物质文化遗产的传承、保护与国际化之道，对如何开拓、推介旅游市场，谋求旅游产业发展，实现互利共赢展开对话和探讨。

旅游推介是发展旅游业的重要环节，曼谷文化体育旅游局副局长索瓦蓬，以及北京市旅游发展委员会副主任宋宇在对话中都分别提及了各自城市闻名中外的旅游景点。北京市旅游发展委员会副主任宋宇在谈话中介绍道，北京的历史文化底蕴非常深厚，它是五朝帝都，更是现在新中国的首都。他说："来北京可以待上三五天，体会北京的生活，但是需要住上几年，才能够真正地体验北京。"

2014年，为纪念中法建交50周年，进一步加深中法两国人民的友好往来，中国国际广播电台"国际在线"与北京市人民政府新闻办公室共同举办"2014友城之约北京——巴黎对话"活动。活动邀请北京市人民政府新闻办公室主任王惠，北京市海淀区委常委、宣传部部长陈名杰，法国驻华大使馆文化教育合作参赞、北京法国文化中心主任周子牧（Anthony Chaumuzeau）出席，通过现场交流和互动与广大网友一起回顾中法文化交流历史。嘉宾在活动现场介绍9月即将登陆巴黎的两大中法文化交流展览"贝家花园——一个法国医生在北京"展及"圆明重光——圆明园文化展"，让中法人民更深入地了解彼此。

本次对话的主题是"北京巴黎携手，中法友谊绵长"。活动根据主题设计四大环节：再叙"姻缘"——回眸50年中法友好邦交，定格历史——从"贝家花园"看中法民间交流，先"睹"为快——巴黎两大展览抢先"看"，续写华章——展望中法文化交流。在这四个环节中，中法两国的嘉宾就中法友好邦交、中法历史文化等展开热烈讨论，并与现场观众就讨论话题展开互动。

"友城之约"是由中国国际广播电台"国际在线"主办的中外友好城市网络对话系列活动，旨在通过中外友好城市管理者、知名人士、普通网民等，以网络音视频对话的方式，集中展示中国城市与海外友好城市在经济建设、城市文化、市民生活等各方面的"多元文明之美"，在加强我国与世界各国多元化交流的同时，助力地方政府的对外宣传，促进国际友好合作交流，并通过"友城之约"品牌活动，搭建一个高端、权威的中外交流平台。

（三）借助大型活动

2008年，北京奥运会召开，作为全球最盛大的体育赛事，每次举办都能吸引全世界的目光，所以2008年北京奥运会的成功举办为北京旅游推介提供了强大的动力。2007年，借助国际电视媒体的传播效力，由北京市对外文化交流协会、北京市人民政府新闻办公室摄制的《我在北京》《北京欢庆国庆》两部电视片，在美国有线电视（CNN）国际频道播出，接收国家和地区达200多个，播出总计116次，借此机会，2007年推出"欢聚在奥林匹克公园"的旅游促销活动。2008年3月以"Vision Beijing"为主题的"国际五大名导拍北京"拍摄的五部五分钟的北京宣传片，在央视新闻频道举行全球发布新闻发布会，并同时在国际航空线路相伴的国家航班移动电视播放，与此同时，

2008 年推出"世界相聚在北京"的旅游促销活动。

(四) 事件营销

2016 年上半年，北京市旅游发展委员会与国际先进的科技支付公司万事达卡联袂，面向全球招募首位推广北京旅游国际化形象的"长城好汉"。两个月内，共收到来自 64 个国家的申请咨询，当中不乏国际知名网红：如在全球掀起"拖手拍背影"热潮的俄罗斯籍摄影师姆莱·奥斯曼（Mle Osman）和获选"全球最佳工作"（The Best Job in the World）的澳洲旅游达人泰森·迈尔（Tyson Mayer）。闭幕式上，北京旅游形象大使、万事达卡的全球形象大使郎朗亲临现场，与 90 后美籍导演及环球旅行家一同攀登司马台长城，并现场演奏名曲，为"长城好汉"活动的全球推广宣传助力。

五、发展方向

(一) 以小见大，挖掘北京社会生活的真实状态

2014 年，由北京市委宣传部、北京电视台共同打造的大型微纪录片《中国梦 365 个故事》推出，该系列已推出超过 100 集微纪录片，累计达 109 集，每集固定时长 3 分钟，讲述了广大平民百姓的感人事迹，事儿很小、很杂，但却感人至深。该片在海外市场推出后，反响很好，英国普罗派乐卫视（Propeller TV）连续播出英文字幕译制版《中国梦 365 个故事》后，该节目的最高收视率一度达到 0.8%。当地影评专家认为，该节目通过 3 分钟的体量，展现居住在北京的各类社会"小人物"的生活，折射出蕴含在普通人心中的真善美和不懈追求。北京的故事虽然有很多，但是需要我们去挖掘，真正吸引人的不是多么宏伟的特效而是真正能够走进人们内心深处的故事。所以，无论如何，北京旅游的宣传不能仅仅停留在静态，而是要通过一个个动态的故事，让更多的人能够爱上北京，了解北京真实的社会生活，塑造国际游客对于北京形象的认知。

(二) 依托国家"一带一路"战略方针进行形象宣传

"一带一路"的重大战略构想，是时代发展的新要求，是中国坚持和平发展理念的新体现，在推动沿线各国合作中发挥了重要作用。旅游产业作为"一带一路"沿线各国的重要经济支柱行业，"一带一路"战略为推动

沿线各国旅游交流与合作提供了广阔的空间。"丝绸之路"是世界最精华旅游资源的汇集之路，汇集了80%的世界文化遗产；"丝绸之路"也是世界最具活力和潜力的黄金旅游之路，涉及60多个国家、44亿人口。据国家旅游局预计，"十三五"时期，中国将为"一带一路"沿线国家输送1.5亿人次中国游客、2 000亿美元中国游客旅游消费；同时我们还将吸引沿线国家8 500万人次游客来华旅游，拉动旅游消费约1 100亿美元。国家旅游局将2015年确定为"丝绸之路旅游年"，国家旅游局副局长杜江在启动仪式上指出，举办"丝绸之路旅游年"是旅游行业贯彻落实"一带一路"战略构想的重要举措，是推动国内丝绸之路沿线地区旅游一体化发展的重要机遇，是深化丝绸之路沿线国家旅游合作的重要途径，是做好入境市场旅游宣传推广的重要手段。旅游业的开放性与综合性特征让旅游行业成为贯彻"一带一路"战略构想的先行者，北京旅游形象的国际传播应该抓住这一契机，主动作为，积极举行旅游交流活动，将北京形象在沿线国家进行传播，吸引更多的国际游客前来北京旅游。

（三）积极进行城市间的交流与合作

从1992年起，中国为向世界更好地展现国家形象与民族特色，适应新媒体时代国家旅游形象宣传的需要，国家旅游局联合国家民航局、国家文物局等部门，推出中国旅游年活动，通过特色鲜明的主题旅游年口号，以达到吸引国际旅游者的目的。主题旅游年是对我国旅游市场特征的高度概括，对于国际游客了解真实的中国、塑造与维护中国的良好形象具有积极的作用。北京旅游形象的国际传播应该结合每年的主题旅游年口号，以市场为导向，以主题旅游年为契机，进行北京旅游形象更为有效的国际传播。同时与北京的友好城市加强交流，以其作为旅游形象传播的重点市场，积极举行旅游推介会等活动，将北京旅游形象展示给大众。

（四）借助会议、展览以及新航线进行北京旅游形象推介

2008年北京奥运会的举办，使中国与世界的联系更加紧密，中国快速发展的经济与良好的基础设施建设，使得越来越多的国际会议与赛事选择在北京召开或举办。国际会议与赛事所带来的人流也造就了旅游流，在北京旅游形象的国际传播中，应该结合重点国际展会、会议、赛事等进行旅游推介，

向国际游客展示北京形象,激发国际游客的探索热情,在国际游客的心中形成对北京旅游的整体认知。与此同时,交通的便捷程度也是影响入境旅游的重要因素之一,借助新航线开通的契机,在交通条件优化的基础上,推介北京旅游形象,使越来越多的游客选择北京,促进北京入境旅游的发展。

(五)注重基础,加大北京旅游产品的创新力度

宣传以产品或者服务为基础进行,促销活动的进行需要以完善的产品与服务作为支撑。在进行北京旅游形象的国际传播时,不能忽视旅游产品的建设,以创新的、具有活力的产品促进北京旅游形象的传播,让大家了解到一个具有活力的北京;同时,北京旅游形象的国际传播又促进产品的创新,两者相互促进,共同推动北京旅游的可持续发展。

第二节 北京主要客源国游客对旅游形象感知差异研究

邓涛 徐明霞 张萌仪 辛晓璇[①]

一、引言

入境旅游是北京市旅游业的重要组成部分,相对于国内旅游者而言,入境旅游者具有停留时间长、消费能力高的特点,其对旅游经济的贡献程度也比国内旅游者大,因此积极发展入境旅游已经成了各级政府的共同目标。北京作为我国的首都,具有浓厚的历史气息和强烈的现代化氛围,每年吸引无数外国旅游者前来,据统计 2015 年北京市入境旅游(含港澳台)已经达到 420 万人次,但是对于北京来说,入境旅游还有很大的发展空间等待我们去开发。

旅游形象感知是指感知主体对感知客体进行认知、评价和意动等相互作用的过程及其结果,即旅游者通过获得目的地的相关信息而作出旅游决策的

---

① 邓涛,北京第二外国语学院旅游管理学院;徐明霞、张萌仪、辛晓璇,中国海洋大学管理学院。

过程，大多数学者认为旅游形象感知由感知主体（本地居民、服务介体、现实和潜在游客）、感知客体（旅游吸引物、旅游服务、自然环境、社会环境）和感知过程（实地直接感知、主动间接感知、被动间接感知）三部分所构成[1][2]。不同的旅游者对同一目的地形象的感知水平有所差异，因此不同国籍的旅游者对北京市旅游形象的感知水平也不相同，对旅游目的地形象感知水平的差异会进一步影响到旅游者的决策，感知水平高的目的地往往更受旅游者的青睐，从而提升各客源国游客对北京旅游形象的感知水平，对促进北京市入境旅游发展具有重要作用。

基于以上背景，本文尝试分析北京市主要客源国分布情况，并从距离、收入和旅游动机三个方面对各客源国游客的形象感知差异进行研究，得出主要客源国游客对北京旅游形象感知水平的高低，并提出相应的发展意见，以期为北京市如何更好地吸引外国游客提供参考。

二、北京市主要客源国分析

为了研究方便，选取2008—2015年北京市各客源国的游客数量作为评价是否为主要客源国的指标，其中亚洲游客数量为去掉港澳台游客后的数量，美洲游客数量主要包括南美、北美和拉丁美洲三部分，以下数据均来自于北京市统计信息网。

（一）从洲际角度分析

由表1-1可知，北京市外国游客主要来自亚、欧、美三洲，大洋洲和非洲的游客数量相对较少，其中亚洲的游客数量最多，8年间平均人次达到150.9万，占北京市外国客源总量的40%，是北京市最主要的客源地。与此同时欧洲年平均游客数量为116.9万人次，也是北京市重要的客源地之一。除此之外美洲游客以91.9万人次排在第三位，虽然与前两者有所差距，但相比大洋洲和非洲而言较多，因此也是一个重要的客源地。总体而言，从洲际的角度来看，北京市主要客源地为亚洲、欧洲和美洲。

---

[1] 姚长宏，陈田，刘家明. 旅游地形象感知偏差测评模型研究[J]. 旅游学刊，2009，24（1）.
[2] 程圩，隋丽娜. 旅游形象感知模型及其应用研究[J]. 旅游科学，2007，21（1）.

表 1-1　2008—2015 年北京市接待世界各洲游客数量　　单位：万人次

年份	亚洲	欧洲	美洲	大洋洲	非洲
2008	126.4	114.3	72.3	14.7	5.3
2009	142.6	104.3	75.1	13.2	5.4
2010	179.2	119.5	92.6	14.8	6.4
2011	184.9	128.8	105.3	17.8	6.8
2012	171.4	130.7	101.6	19.8	8.6
2013	139	117.9	102	18.4	9.4
2014	130.4	112.8	94.7	17.5	9.2
2015	133.1	106.9	91.6	16.3	8.9
年平均人次	150.9	116.9	91.9	16.6	7.5

从时间上来看，8 年间各洲前往北京旅游的人数呈现出先上升后下降的趋势（如图 1-2 所示），在 2011 年左右达到高峰，然后开始下降，尤其是亚洲，在 2011 年亚洲旅游人次达到 184.9 万，然而到 2013 年已经下降到 139 万人次，两年之内游客的数量发生了剧烈的变化。美洲和欧洲游客数量虽然变化幅度没有亚洲大，但是两者一直呈现出下降的趋势，如果不采取一定的措施吸引客源，在未来几年内两者游客的数量可能会继续下降。因此研究各客源地游客对北京旅游形象的感知水平，找出其中存在的差异已经非常重要，对北京市未来入境旅游的发展具有重大意义。

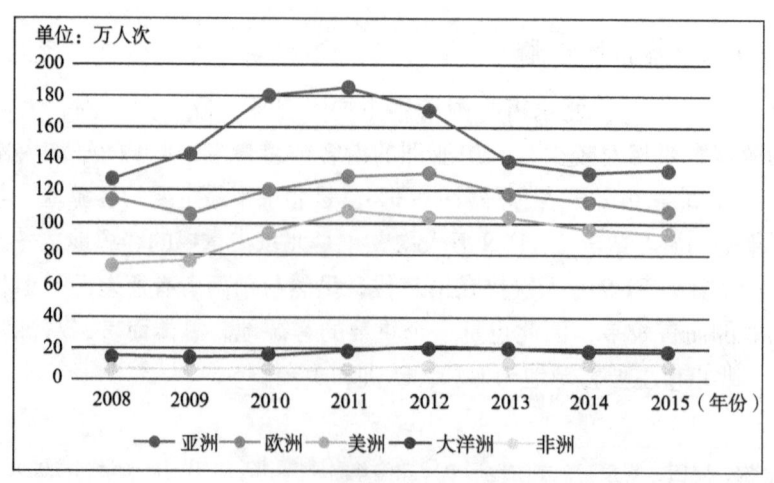

图 1-2　2008—2015 年北京市接待世界各洲游客数量变化趋势图

(二)从客源国角度分析

由表1-2可知,在11个客源国中,美国的年平均游客数量为68.93万人次,位居第一,并且比位居第二的韩国多26.85万人次,可见美国是北京市最重要的客源国。其次,韩国和日本的游客数量比较相近,虽然亚洲整体游客数量远远高于美洲,然而细分到亚洲的每个客源国后,游客数量却比美国低很多,但作为两个离北京相对较近的国家,韩国和日本仍旧是北京市重要的客源国。再次,年平均人次在20万以上的国家除了美国、日本和韩国以外,还有德国,为20.79万人次,其他7个国家的客源数量比较接近,在10.94万~17.44万人次之间变动,整体游客数量不高。综上所述,从客源国的角度来看,北京市的主要客源国为美国、韩国、日本和德国,分别分布于美洲、亚洲和欧洲,这与第一部分的分析结果相一致。

表1-2 2008—2015年北京市各客源国游客数量   单位:万人次

	2008年	2009年	2010年	2011年	2012年	2013年	2014年	2015年	年平均人次
美国	53.84	57.93	70.00	78.91	75.15	74.70	71.49	69.41	68.93
韩国	35.32	35.16	50.60	53.37	44.18	37.71	38.68	41.59	42.08
日本	40.01	46.22	52.56	51.02	43.73	24.87	24.88	25.85	38.64
德国	16.02	16.79	20.08	22.17	24.46	23.03	22.60	21.16	20.79
英国	17.54	16.28	16.75	18.77	18.48	17.54	16.91	17.20	17.44
俄罗斯	17.95	14.97	18.97	20.52	20.02	16.68	13.68	10.27	16.63
加拿大	11.20	12.00	15.09	18.18	17.17	15.85	13.98	13.02	14.56
法国	14.50	12.91	14.25	15.15	15.07	13.42	13.38	15.28	14.23
澳大利亚	11.68	10.98	12.44	15.25	16.87	15.51	14.60	13.58	13.86
新加坡	9.29	10.98	13.09	14.35	15.42	12.96	11.65	11.02	12.35
马来西亚	6.22	9.38	12.54	13.85	16.15	13.41	8.15	7.80	10.94

从时间上来看,各客源国游客数量也呈现出先上升后下降的趋势(如图1-3所示),在2011年达到最高峰,然后开始下降。从图中可以看出日本和韩国在2011—2013年期间游客数量下降得非常快,这与前面所述在此期间亚

洲游客数量急剧下降相一致，也说明了韩国和日本是北京在亚洲至关重要的客源国，两国的旅游者决策直接影响到北京市入境旅游的发展。自 2013 年之后日韩游客数量一直处于低谷，未见明显的上升趋势，并且韩国游客数量要比日本游客数量多，两者的差距逐渐拉大，如何打破日韩市场的坚冰，让其再次反弹，成为当前的一大任务。其他 9 个客源国虽然也有一定的下降趋势，但并不明显，一方面是由于游客数量一直维持在较低的水平，如英国等；另一方面则是因为旅游者自身的需要，如美国。

综合以上两种不同的分类方式来看，北京市的主要客源地为亚洲、欧洲和美洲，主要客源国是美国、韩国、日本和德国；从时间发展的角度来看，近两年来北京市各客源国的游客数量都出现不同程度的衰减，从而导致各大客源地游客数量也有一定的衰退趋势。

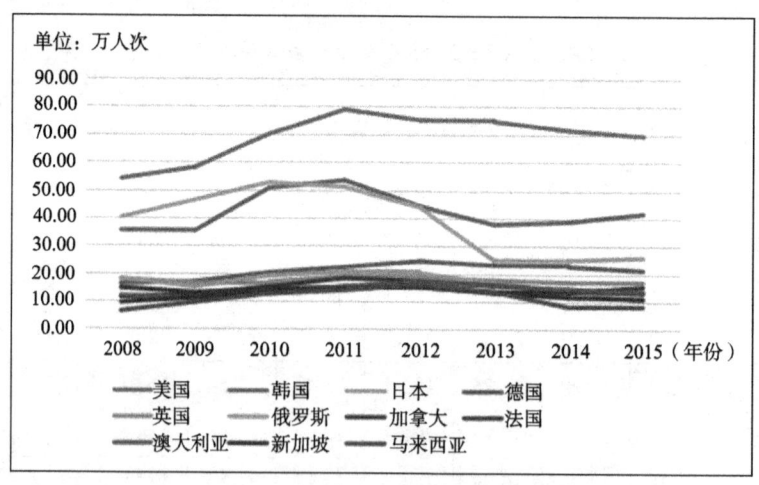

图 1-3　2008—2015 年北京各客源国游客数量变化趋势图

三、主要客源国游客对北京旅游形象感知差异分析

（一）距离对感知水平的影响

正如距离会对旅游决策产生影响一样，距离也会影响游客对一个旅游目的地的形象感知。张宏梅、陆林在对苏州周庄旅游形象感知的研究中发现，随着距离的增加，感知形象、情感形象的美誉度会增加，但对感知形象和情

感形象的知晓度会减少，即存在距离衰减规律①。距离除了直接影响感知水平以外，还可以通过熟悉度间接影响旅游形象感知水平，客源地和目的地之间距离越远，则文化差异越大，相对熟悉程度越低，形象感知水平也越低。杨杰等在重庆市民对上海的形象感知水平的研究中发现熟悉度是对旅游意向影响最大的因素，且熟悉度越高，感知水平越高②③。洪亚丽利用 AHP 分析法对县域旅游形象感知影响因子的研究表明个人熟悉度是决定感知水平的重要因素④。马明对泰山的相关研究表明，从总体形象和情感形象而言，旅游者对旅游目的地的熟悉程度越高，则形象越积极⑤。此外，有无先前经验也是旅游形象感知水平的重要影响因素，由于距离是旅游决策的重要因素，距离远的旅游目的地以前去过的可能性较小，缺乏旅行经验，感知水平相对较低。白凯、马耀峰运用旅游者认知指数的测度方法对 2006 年入境旅游者在旅游前后对我国旅游整体形象的认知水平进行分析发现，入境旅游者在来华后对我国旅游形象的认知水平高于来华前的认知水平⑥。程圩、隋丽娜通过对长三角地区游客对韩国旅游形象感知水平的研究发现，潜在旅游者的感知水平要低于实际旅游者，并且媒体宣传比亲友推荐的感知水平低⑦。基于以上学者的研究，我们可以发现距离是影响旅游形象感知水平最重要的因素之一。

在交通工具迅速发展的今天，常规意义上的地理距离已经不足以对旅游者的决策产生影响，比如从青岛到北京的地理距离要比合肥到北京近，但是

---

① 张宏梅，陆林，章锦河. 感知距离对旅游目的地之形象影响的分析——以五大旅游客源城市游客对苏州周庄旅游形象的感知为例 [J]. 人文地理，2006（5）：25-30.
② 杨杰，胡平，苑炳慧. 熟悉度对旅游形象感知行为影响研究——以重庆市民对上海旅游形象感知为例 [J]. 旅游学刊，2009（4）：190-194.
③ 张君，陈钢华，黄远水. 国内近十年旅游形象感知研究进展与启示 [J]. 乐山学院学报，2010，25（5）.
④ 洪亚丽. 基于 AHP 法的县域旅游形象感知影响因子研究 [J]. 经济研究导刊，2014（20）：110-111.
⑤ 马明. 熟悉度对旅游目的地形象影响研究——以泰山为例 [J]. 旅游科学，2011，25（2）：30-38.
⑥ 白凯，马耀峰. 入境旅游者对我国旅游形象认知的实证研究——兼论北京奥运旅游形象建设 [J]. 陕西师范大学学报，2007（1）：115-119.
⑦ 程圩，隋丽娜. 旅游形象感知模型及其应用研究——以长三角居民对韩国旅游形象感知为例 [J]. 旅游科学，2007，21（1）.

青岛由于胶济铁路运输能力的关系，导致同样乘坐高铁从合肥到北京的时间更短，相对距离更短，因此从距离角度来看合肥游客对北京的形象感知水平要高。从洲际角度来看，亚洲离北京的相对距离最近，熟悉程度高，旅游人次多，先前旅游经验丰富，因此亚洲客源国对北京形象的感知水平要高于其他各洲。同理，欧洲与北京的距离要比美洲等近，先前的旅游到访者数量也大，其感知水平也要比美洲等高。虽然非洲在地理上与北京的距离相对于美洲、大洋洲国家而言较近，但由于非洲经济欠发达，导致交通工具落后，与北京的相对距离要大于美洲和大洋洲，因此非洲游客的感知水平应该最低，美洲比大洋洲稍高。因此，对北京旅游形象的感知水平排序为：亚洲＞欧洲＞美洲＞大洋洲＞非洲。同理可以得出四大主要客源国游客的感知水平排序：日本＝韩国＞德国＞美国。

（二）收入对感知水平的影响

足够的可自由支配收入是旅行活动开展的重要保障，因此收入对感知水平也会有一定的影响，并且收入越高，感知水平相对越高。程圩、隋丽娜在分析不同利益主体对韩国形象感知水平的研究中得出，韩国物价高于中国，因此韩国人的收入相对较高，对华的旅游感知水平也较高[①]。由于亚洲、欧洲和美洲的经济较发达，因此对北京市旅游形象感知水平较高的应该是这三者。具体到相应的客源国，美国是世界上经济最发达的国家，人均收入水平独占鳌头，其对形象的感知水平也应该是最高的，尽管美国与北京的距离较远，但是在距离因素与收入因素和旅游动机的博弈中，后两者对美国游客的决定程度更大，因此来京的美国游客数量高居第一位。近年来由于日本经济的逐渐衰退，导致自2011年起日本来京游客数量急剧下降，一直处于颓势，日本游客感知水平要小于韩国游客，因此从收入水平角度来评价北京市旅游形象感知水平高低则有：美国＞德国＞韩国＞日本。

（三）旅游动机对感知水平的影响

除了距离和收入水平之外，另一个影响旅游者感知水平的因素就是其自身

---

① 程圩，马耀峰，隋丽娜. 不同利益细分主体对韩国旅游形象感知差异研究 [J]. 社会科学家，2007（4）.

的旅游动机，不同旅游动机的感知水平也不相同。在对长三角游客赴韩旅游的研究中作者将其旅游动机分为探求型、社交型、逃逸型和迷茫型，利用调查得到的数据进行实证分析发现，以学习新鲜事物增长知识、体验异地文化和参观历史吸引物为目的的探求型动机旅游形象感知水平最高，迷茫型最低[①]。张佑印等分析了北京市入境旅游扩散动力机制，结果表明北京入境旅游流内推力因素中作用最强的是探新求异心理需求[②]。沈飞、郭英之通过对哈萨克斯坦游客对中国旅游形象感知的实证研究发现，冒险型游客对中国旅游形象感知水平要比考察亲友型、观光型和娱乐型高[③]。由此可见，客源国与目的地国之间的文化差异越大，旅游者的感知水平越高，因此从旅游动机的角度来看，美洲和欧洲的生活习惯和风俗与中国差距较大，亚洲客源地则相对较小，其旅游形象感知水平也小于美洲和欧洲。美国与中国的文化差异巨大，加上收入因素的影响，使得美国打破了距离因素的束缚，成为中国第一大客源国。日本和韩国虽然同属于亚洲，但日本的许多文化都来自古代的中国，而韩国则是一种新兴的文化综合体，因此韩国游客的感知水平应高于日本游客。

综合以上三方面的分析可以得出：①从洲际角度来看，三大洲游客对北京市旅游形象感知水平依次为：亚洲＞欧洲＞美洲，虽然在收入和旅游动机方面美洲的感知水平要高于亚洲，但由于距离不仅可以直接影响感知水平，还能通过熟悉度和有无先前经验来间接影响感知水平，其对感知水平的影响程度非常大，因此综合起来亚洲的感知水平应大于美洲，这一点在各洲游客数量上得到了印证。②从客源国角度来看，四大客源国对北京市旅游形象感知水平依次为：美国＞韩国＞日本＞德国。从各国游客数量上可以看出，美国来京旅游人数明显高于韩国和日本，这是因为美国在收入和旅游动机方面的影响超过了距离因素对感知水平的影响程度，虽然整个美洲位于亚洲之后，但是经济高度发达和强大的文化差异使得美国游客对北京形象的感知水平高于亚洲的日本和韩国，位列第一。

---

① 程圩，隋丽娜. 旅游形象感知模型及其应用研究——以长三角居民对韩国旅游形象感知为例[J]. 旅游科学，2007，21（1）.
② 张佑印，马耀峰，顾静. 北京入境旅游流扩散动力机制分析[J]. 干旱区资源与环境，2012，26（1）：122-127.
③ 沈飞，郭英之. 哈萨克斯坦游客对中国旅游形象感知的实证研究[D]. 复旦大学硕士学位论文，2013.

四、结论与讨论

（一）研究结论

本文选取了 2008—2015 年 8 年间各洲和各客源国来京旅游人次作为评价指标，确定了亚洲、欧洲、美洲为北京的三大客源地，美国、韩国、日本和德国为北京的四大客源国。在总结前人对旅游目的地形象感知研究的基础上，分别从距离、收入和旅游动机三个方面对客源地和客源国游客感知形象差异进行分析，结果表明：(1) 距离因素对游客感知水平的影响程度最大；(2) 三大洲游客对北京市旅游形象感知水平依次为：亚洲 > 欧洲 > 美洲；(3) 由于美国的收入和旅游动机影响增量打破了距离因素的约束，因此四大客源国游客对北京市旅游形象感知水平依次为：美国 > 韩国 > 日本 > 德国。

（二）发展建议

1. 重点关注亚洲市场

根据研究结论可以发现，亚洲游客对北京市旅游形象感知水平较高，因此针对其进行营销，宣传北京旅游将会得到更好的效果，可以用较小的投入换来较大的收益。在亚洲客源国中，把韩国和日本作为主要对象，针对其开展一系列的营销活动，提供便利服务，力争改变近年来日韩市场的跌落趋势。

2. 注重维持美国市场

尽管美洲的游客数量相对亚洲较少，但美国客源数量却比亚洲任何一个国家都高，是北京市旅游客源的重要支柱，因此要注重对美国市场的维持，加强宣传，做好旅游服务和接待工作，一方面可以保证既有客流量不会流失，同时还能带动潜在旅游者来京开展旅游活动。

3. 不断扩展欧洲市场

欧洲市场具有总体规模大、各国规模小的特点，整个欧洲的总体感知水平和游客数量较多，但细分到每个客源国则呈现出低而少的状态，需要针对每个国家制定不同的宣传策略，因地制宜，从而逐步提高各国游客数量。

第三节 "美丽北京"海外营销宣传方案[①]

北京创艺丰通信息技术有限公司

一、"美丽北京"的定位与旅游优势

(一)"美丽北京"的定位

- 国家首都:国家首都的核心功能是:政治中心、文化中心、国际交往中心、科技创新中心
- 国际城市:以建设世界城市为努力目标,不断提高北京在世界城市体系中的地位和作用。
- 历史名城:弘扬历史文化,保护历史文化名城风貌,形成传统文化与现代文明交相辉映、具有高度包容性、多元化的世界文化名城。
- 宜居城市:创造充分的就业和创业机会,建设空气清新、环境优美、生态良好的宜居城市。

(二)"美丽北京"的旅游优势

① 2008年奥运会之后,北京在世界上的影响力持续扩大,已经成为国际著名旅游地,更多海外游客都希望来中国北京深度体验。

② 北京荟萃了自元、明、清以来的中华文化,拥有众多历史古迹和人文景观,是全球拥有世界文化遗产最多的城市。

---

① 本方案由全景客虚拟旅游网CEO马骥提供。

二、"美丽北京"的海外营销方案

(一) Know What They Want ——通过旅游专业大数据分析,清楚了解入境游客的分布及需求

通过相关部门的入境旅游数据可以得出,亚洲客源的主导地位十分稳固;外国市场客源小幅回落,港澳台市场呈现主力地位;中国特色文化和游览观光最吸引游客,山水风光、文化艺术、美食烹饪是游客最主要的游览项目。

这些数据说明目前我国的旅游海外宣传只辐射了周边国家及地区,欧、美、非、大洋洲的广阔市场没有得到充分的开拓,外国游客对我国旅游的认知度不高,旅游形象宣传依然存在很多问题。同时,通过目前入境游客的旅游需求来看,中国特色文化和游览观光更能吸引境外游客,这其中山水风光、文化艺术、美食烹饪项目关注度最高。针对境外游客的旅游需求,精心设计符合外国游客的旅游产品,知道外国游客想要什么,想体验什么,才能更好地提升我们的服务品质,让更多外国游客来北京旅游。

(二) "北京走出去"——如何在海外把"美丽北京"的品牌宣传出去?

通过上面的数据分析,我们可以看到,旅游形象的海外宣传策略是影响境外游客来北京旅游的主要因素之一。更多欧美国家的游客对北京还只停留于故宫、长城等粗浅的认知,对于北京的历史文化、民情风俗、丰富美食、快速的现代化发展并不了解。我们需要用更加有力的、更有针对性、更直观的宣传手段来解决这个问题,近两年非常热门的 VR 虚拟现实科技、VR 新媒体就是解决这个问题最有效的办法。

1. "美丽北京"VR 内容的全面细致拍摄

(1) 第一部分:北京美景的 VR 内容拍摄

VR 内容拍摄:寻找、发现北京最古老、最现代、最美的景色,用航拍+地面拍摄等多种拍摄方式,展现出北京城历史与现代的结合,以 360 度视角将"美丽北京"的形象全面真实地展现出来。

后期制作:将拍摄的美景以 360 度全景视频+全景漫游 H5 页面的方式制作出来,更方便在网络和社交媒体上宣传与传播。

三维建模，历史重现：用 3D 虚拟建模技术，将北京城的历史文明生动再现出来，穿越古今千年岁月，让海外游客身临其境体验北京，吸引他们来北京实地旅行参观。

（2）第二部分：北京美食的 VR 内容拍摄

近距离拍摄最地道的北京小吃、最传统的北京美食，用 360 度 VR 视频的方式记录下大厨制作美食的过程，用全景漫游的方式展示一些有特色的美食店面。把这种美食内容与展现形式相结合，再与地理坐标相关联，让游客用 VR 眼镜欣赏完美食内容后，最快速、最有效地找到店家，更能吸引游客前来。

（3）第三部分：北京特色人文的 VR 内容拍摄

寻找北京具有民俗特色的人物、服饰、文化等，多角度、深层次地进行 VR 拍摄。用虚拟重现的方式，展现过去的北京文化，让游客能够身临其境体验中华民族几千年的文化底蕴，达到穿越历史古今的效果。同时可以寻找在北京生活的外国人，用 VR 第一人称视角拍摄他们在北京的日常生活，用他们的经历来讲述北京的变化，吸引更多外国游客前来。

2. 在海外大量设立"美丽北京"VR 旅游体验中心

线下的 VR 旅游体验，正在越来越多应用在旅游目的地和线路产品的宣传上。英国就在主要城市的高端酒店设立 VR 旅游体验亭，让住宿的客人在酒店大厅里方便体验城市的旅游风光，预订精品的本地游线路产品。

全景客虚拟旅游网专注"美丽中国"的海外传播，使用 VR 技术，将中国上千景区旅游目的地制作成 VR 内容，利用移动互联网快捷方式，让全球用户下载体验。"美丽中国"与国家旅游局驻西班牙马德里办事处进行了 VR 旅游的海外营销尝试，并保持了深度合作关系。同时，全景客也希望与全球 20 多个国家旅游局驻外办事处合作，在代表中国旅游的海外办事处设立 VR 体验中心。体验中心可以放置太空舱 VR 动感座椅、高清晰 VR 一体机眼镜、"美丽中国"品牌的环保型 VR 眼镜，通过新技术、新媒体、新手段，全方位、立体性地展示我们拍摄的"美丽北京"，把"美丽北京"的"美景、美食、美人"推向国外，让境外游客对北京有一个全面、立体、直观、深度的了解和认知，增强他们前来北京旅游的兴趣。

图 1-4 VR 体验中心

3. 联合当地华人旅游机构，设立街亭门店等多形式 VR 体验中心

通过与海外各地的华人社区、华人旅游机构合作，联合当地的华人，在街边门店等人流集中地方设置多人、单人的 VR 动感座椅、高清 VR 一体机眼镜，通过扫码关注的方式，或者免费体验，就可以身临其境欣赏到"美丽北京"VR 内容。很少的经济投入，以最方便、最精确的方式，把"美丽北京"形象投放到世界各地，在海外形成一股"'美丽北京'VR 体验"热潮，引起海外媒体的广泛关注与传播。

（三）"北京请进来"——怎样使入境游客把"美丽北京"带回家

1. 打造"美丽北京"旅游品牌，让来北京的海外游客形成海外的二次传播

我们根据外国游客到北京旅游的需求，结合北京的特色资源，打造一个系统化、有核心价值的旅游品牌。突出多形式、多国别的入境主题游，让外国游客非常迅速地、有效地接触北京的特色文化与底蕴，让他们的北京之行充满了惊喜与期待，更方便地传播"美丽北京"的国际形象。

● 北京特色胡同文化游，VR 跟拍，全景留念

把以胡同为代表的老北京传统文化，打造成文化体验的品牌，吸引外国游

客参与、了解并融入其中。给外国游客一次别样的旅行，把最古老的北京文化传播出去。全程 VR 跟拍，给游客制作 VR 短视频，赠送 VR 眼镜，带回去留作纪念，同时制作成手机 H5 页面，便于他们在海外社交媒体 Facebook 等上传播。

- 中医理疗、中华气功体验游，VR 跟拍，全景留念

设计一条中医体验游线路，用亲身体验来提升海外游客的兴趣，带海外游客去体验有东方特色的中医理疗，找专业的师傅传授简单的气功。让体验成为宣传最有力的拳头，打动外国游客。全程 VR 跟拍，给游客制作 VR 短视频，赠送 VR 眼镜，带回去留作纪念；同时制作成手机 H5 页面，便于他们在海外社交媒体 Facebook 等上传播。

- 品尝地道小吃、美食游

中餐是中国在世界上的一个代表符号，可以发现有特色的小店，品尝美味的小吃，用舌尖上的感受抓住外国游客。打造一种享受美食的主题游，更能够吸引喜欢美食的外国游客。

- 学生文化交流游

学生是思维最活跃、传播影响力最广泛的群体，通过学生间的文化交流，能更方便地把"美丽北京"的对外旅游形象传播出去。同时外国学生的互动体验，能够成为有力的宣传武器，直接深入到外国游客心中，更容易打造"美丽北京"旅游品牌。全程 VR 跟拍，给游客制作 VR 短视频，赠送 VR 眼镜，带回去留作纪念；同时制作成手机 H5 页面，便于他们在海外社交媒体 Facebook 等上传播。

2. 全球旅游达人北京游览分享

有了具有核心价值的旅游品牌之后，我们在全球排名前 150 位旅游大 V 中甄选 10~12 名作为嘉宾，来体验我们的特色入境主题游，并通过国内外的媒体进行报道。大 V 们通过自己的 Blog、Facebook、Instagram 等社交媒体来发布他们的游记与感受，以此吸引更多海外游客前来，更好地推广"美丽北京"的旅游形象。

我们甄选大 V 的条件包括：排名在 50 名以内；具备制作优质图文的能力；各主要媒体粉丝总量超 50 万；良好的协同合作及团队合作精神；对中国持有友好及热爱的态度，并对中国历史文化有自己的见解；对以城市宣传形象为目的的 FAM Visit（家庭访问）有沟通能力和媒体灵感。

3. VR 新媒体宣传推广

VR 新媒体宣传作为大 V 游览分享的一个重要环节,全景客·"美丽中国"将用 VR 拍摄方式记录大 V 们在北京游览的过程。其中,在见证"美丽北京"和国际友人交互的重要瞬间,更可以用 VR 直播的方式向全球的游客展示,用镜头捕捉弥足珍贵的瞬间,把大 V 们的北京游览感受即时地分享给全世界。

VR 内容拍摄后,我们会以 H5 页面的形式进行广泛传播,同时在"美丽中国"平台上进行分享展示。可以说,扫一个二维码,下载一个"美丽中国"APP,就能让全球的游客足不出户了解北京,引起他们想来北京旅游的兴趣,能够达到快速二次传播的效果。

图 1-5　全景客·"美丽中国"平台

4. 多种持续性方案,形成商业闭环

建立推广营销号:围绕"美丽北京"海外宣传营销活动,建立在多家社交媒体的推广号,并实现和大咖互发平台的打通。

和其他大咖合作:对排名前 100 的大咖再进行分类和分析,借助他们的平台进行二次推广,形成一个可持续性的项目。

VR 新媒体普及:对北京境内所有地接社进行 VR 化的尝试,为千篇一律的地接社增加活力和科技含量,提升地接社形象。

形成商业闭环:通过大咖之行,为入境游带来一股新鲜的空气,希望借此机会为优质的供应商提供产品规划路线的新平台,形成大咖入境—主题游体验—VR 新媒体宣传推广—优质供应商提供产品—再吸引外国游客的商业闭环,能够有效、持续地良性循环。

第二篇 北京旅游形象的多国别传播方案

第一节 北京旅游目的地形象东西方感知差异及传播策略——基于韩国、美国旅游者的博客分析

赖文丽[①]

一、引言

随着全球化发展和国际旅游市场竞争的加剧，以城市旅游形象为依托的城市旅游营销已成为各城市旅游目的地优先选择的发展路径。目前，旅游目的地形象研究总体来说有两种视角：供给角度和需求角度。供给角度指站在目的地角度，考虑自身资源特色和发展目的来展示给游客的形象；需求角度即站在游客的角度，研究旅游目的地在游客心中的形象。在目的地营销推广中，若只站在目的地角度，而不考虑游客的需求和感知，最终会导致客源市场对营销推广信息的接受效果达不到预期水平。

研究旅游消费者有多种渠道和方法，其中，利用旅游者博客来研究旅游者的感知和体验是一种新兴的方式。国外麦凯（MacKay）和库尔德韦尔（Couldwell）根据游客博客中对加拿大某历史遗址的照片的分析来进行目的地市场推广[②]；国内汪婷、陆林的研究以芜湖方特欢乐世界为例，归纳了博客包含的主要信息，以此分析游客的体验和评价信息[③]。利用博客来研究游客具有其独特的优势。首先，真实性。博客是旅游者自愿地、主动地将自己的旅行经历及感受以日志的形式发布到互联网上，获得的信息最原始也最生动。其次，博客具有很强的辐射力，它的载体是新兴的互联网，其渗透力和影响力强，参与人

[①] 赖文丽，武汉大学经济与管理学院。
[②] MacKay, K. J., and C. M. Couldwell." Using Visitor-Employed Photography to Investigate Destination Image[J]. Journal of Travel Research, 2004, 42 (4): 390–96.
[③] 汪婷, 陆林. 基于博客的旅游研究信息的提取与分析 [J]. 旅游论坛, 2010, 03 (4): 480–485.

数多。并且，网络的信息更新速度快，方便旅游研究者及时获得最新信息[①]。

白凯等对于来京国内外旅游者的感知进行了研究，并发现：北京入境游客体验质量评价具有明显的区域相似性，常住地间距离的差异及文化背景的差异会导致体验质量的不同，即不同客源国游客对旅游目的地形象感知有差异[②]。Armstrong 在1997年也提出游客文化特征的不同会导致他们对旅游目的地的期待、旅游模式、旅游行为的不同[③]。Porter 和 Samovar 发展了 Hall 在1959年建立的关于文化差异的概念化量表，得出西方文化和亚洲文化差异最大的结论[④]。由此可见，分析北京主要客源国（地）游客对北京旅游形象的感知差异，特别是东西方市场的差异，利于细分国际市场，针对重点客源市场，推出适合不同需求的特色产品和服务，以便提高来京旅游者体验的质量，从而提升北京市旅游形象国际传播的有效性。

二、北京旅游国际市场特征分析

北京旅游业的发展总体目标是把北京建设成为国内外旅游者首选之地、国际一流旅游名城。北京作为首都，一直是中国在境外游客中知名度最高的城市之一。携程发布的《2016年入境游趋势分析报告》指出，北京、上海、西安是入境旅客在入境以后最喜欢去的三个旅行目的地，其中有54.3%左右的人一定会前往北京去看一看。2016年我国入境游热门景点前三为长城、颐和园、紫禁城，充分彰显了北京作为国际旅游目的地的号召力。

据北京市旅游发展委员会发布的2016年1—8月主要客源国（地区）来京游客情况统计数据，8月止累计亚洲国家中韩国来京旅游人次最多，达到258 341人次；欧美国家中美国最多，达到475 207人次。韩国和美国代表了

---

① 冯捷蕴，FENG Jie-yun. 北京旅游目的地形象的感知——中西方旅游者博客的多维话语分析[J]. 旅游学刊，2011，26（9）：19—28.
② 白凯，马耀峰，李天顺. 旅游目的地游客体验质量评价性研究——以北京入境游客为例[J]. 北京社会科学，2006（5）：54—57.
③ Armstrong, R. W. The Importance of Cross-cultural Expectations in the Measurement of Service Quality Perceptions in the Hotel Industry[J]. International Journal of Hospitality Management, 1997, 16（2）：181—190.
④ Porter, R. E., and L. A. Samovar. Basic Principles of Intercultural Communication[J]. In Intercultural Communication: A Reader. Edited by L. A. Samovar and R. E. Porter. Belmont, CA：Wadsworth, 1991.

东方文化圈和西方文化圈的两个缩影。本文通过分析韩国、美国来京旅游者的博客，研究韩国和美国游客对北京旅游形象的感知差异，进一步了解东西方旅游者不同的消费心理和文化特征，以提出切实的建议，从而提升北京市国际旅游形象，推动北京市旅游业的发展。

三、研究方法

（一）维度模型

本文在雅虎（美国著名的互联网门户网站）和 Naver（韩国最大的搜索引擎）中以"北京旅游"为关键词随机抽取了各 60 篇旅游者博客、共 120 篇作为语料。为增强研究的整体性，本研究保存和分析了博主的文字语料和图像信息，例如人物照片和景点图片。为规范语料分类，本文结合十八大"五位一体"思想及冯捷蕴对游客感知的分类法[①]，再取 40 篇博客进行前期调研，将其中各个要素进行分类汇总，最终得出文化、生态环境、经济现代化、社会和谐四个维度表达游客对北京旅游形象的感知，具体维度及其子范围见表 2-1。并区分了关于北京旅游的 4 种体验评价：正面的、负面的、正负兼有和客观评价（不包含带有主观态度的形容词）。

表 2-1　北京旅游形象感知维度

维　度	子范围	举　例
文化	古代文化遗址	长城、故宫
	民俗、工艺	茶馆、北京话、胡同、四合院
	政治文化	天安门、毛主席纪念堂
	饮食文化	北京烤鸭、豆汁
	文化艺术	博物馆、798、奥运
生态环境	环境质量	空气质量、水质量
	自然风光	山、水、花、木
经济现代化	交通	地铁、公交、的士
	公共设施	厕所、公共标识、医院
	娱乐购物	酒吧、俱乐部、购物中心

---

① 冯捷蕴. 北京旅游目的地形象的感知——中西方旅游者博客的多维话语分析 [J]. 旅游学刊, 2011, 26 (9): 19-28.

续表

维　度	子范围	举　例
社会和谐	旅游从业人员	导游、司机、服务员
	市民	问路、让座
	其他游客	旅游文明、秩序

（二）语料收集

为规范语料，按上述四个维度的各个子范围提取博主博客中出现的名词和形容词，以及照片上出现的景点名，翻译后梳理为博客大纲，作为分析素材。K1—K60 指取自 Naver 上的韩语博客的大纲，并按照提取顺序进行标序；A1—A60 是来自雅虎美籍博主关于北京旅游的博文，由于篇幅有限，以下仅截取各十篇大纲作为展示。

1. Naver

K1 （老人跟团）天安门壮观、国家博物馆、王府井、长城伟大、颐和园美、798、音乐剧、陶瓷工艺美、各国游客多、龙、人力车、高层建筑

K2 （年轻人自由旅行）购物便利、王府井、天安门（国庆节国人看升旗体现爱国心、人多）、景山公园、雾霾、前门大街（买礼物、吃海底捞排队）

K3 （中年人团）天安门推荐，机场地铁干净、整洁、快，交通便利，紫禁城大，导游和管理员好，景山公园，三里屯看古今发展推荐，王府井大，颐和园推荐，天坛公园规模大，长城，奥林匹克，高楼林立，唐装熊猫

K4 （老年人自由行）历史遗址的憧憬、长城伟大、紫禁城、颐和园

K5 （年轻人自由）喝永和豆浆，包子，运用地铁购票系统，前门车站（帅），天安门自拍（感叹中国大），传统北京房子家门前自拍，颐和园美丽，与人物雕塑拍照（不认识），看汉字，紫禁城，吃面，商业街建筑美，百货干净，长城伟大、人多，龙庆峡风景区自然风光好

K6 （中年人跟团）看音乐剧、去 KFC 干净、超市广告杂乱、世贸天阶（夜景、周边商业街）、798（游客乱停车不好拍照）、社会主义和共产党人物建筑、颐和园景致美丽、长城风光好、龙庆峡鬼斧神工

K7 长城文化遗址、明十三陵（龙、中国红）、足部按摩舒服、国家博物馆大藏品多、天安门、喝白酒

K8　长城伟大、王府井大、饺子好吃、羊肉串、冰糖葫芦、颐和园美丽具有历史性、天坛具有历史性

K9　（父子自由旅行）地铁换乘便利、天安门、紫禁城大、历史性、帅、景山公园、王府井、煎饼、颐和园、龙庆峡、世贸天阶、酒店便捷、天坛公园、前门大街

K10　炸馒头、长城、颐和园、烤鸭好吃、紫禁城、超市购物方便

2. 雅虎

A1　的士司机没有系安全带、餐厅没有英文菜单、点餐麻烦、超市、紫禁城、当地人帮助、地铁双语、天安门、颐和园美丽、馅饼好吃、中国字剪纸

A2　PM2.5高、空气不好、北海公园风景美丽、长城伟大而特别

A3　（跟团）买一顶毛主席的帽子、与商贩还价、天安门、紫禁城神奇、买票拥挤插队、颐和园美丽、钱包被偷、烤鸭好吃、长城具有历史性、京剧给人印象深刻、明十三陵具有历史文化性

A4　北京钟楼、长城具有历史性必看

A5　空气干净、老城区平和安详、儿童玩耍、老人晒太阳、烤鸭好吃、导游有趣

A6　天坛公园美丽、乘地铁、吃面、颐和园

A7　长城伟大、空气不好、纪念品店物价高、明十三陵、紫禁城、颐和园风景好、万达酒店食物丰富、交通拥堵、京剧、饺子

A8　酒店好、导游有趣、友好的当地人、天安门、紫禁城、茶馆、武术表演、美味烤鸭、长城雄伟、鸟巢水立方、足部中医按摩舒服、看熊猫、空气不好

A9　北京胡同、民宿友好、天坛公园美丽、王府井令人失望、长城、公交

A10　空气不好、天坛公园环境好、交通秩序混乱、长城、明十三陵、胡同、饺子好吃

四、语料分析

（一）情感分析

NLPIR情感分析主要采用了两种技术：①情感词的自动识别与权重自动计算，利用共现关系，采用Bootstrapping的策略，反复迭代，生成新的情感

词及权重。②情感判别的深度神经网络：基于深度神经网络对情感词进行扩展计算，综合为最终的结果。

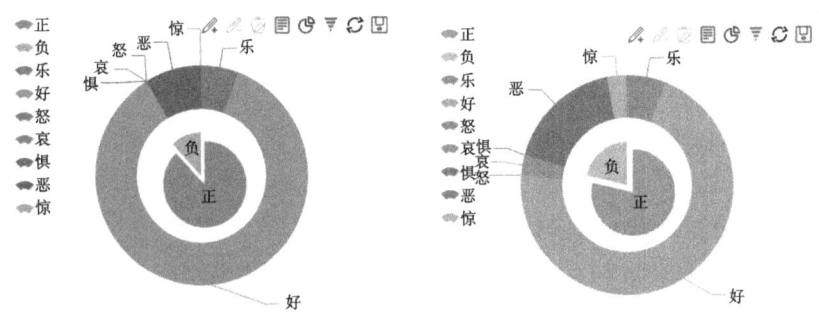

图 2-1　韩国博客情感分析结果　　图 2-2　美国博客情感分析结果

由图 2-1 和图 2-2 可知，韩国游客和美国游客对北京旅游形象整体感知都是正面大于负面，韩国游客的博客正面情感大于美国游客。反映了在韩、美游客心中，北京旅游目的地形象良好。

（二）词频分析

图 2-3 和图 2-4 展示了收集的博客中名词的 Top 10 结果。韩国游客博客中出现频率最高的依次为"颐和园""长城""天安门"，美国游客博客中出现

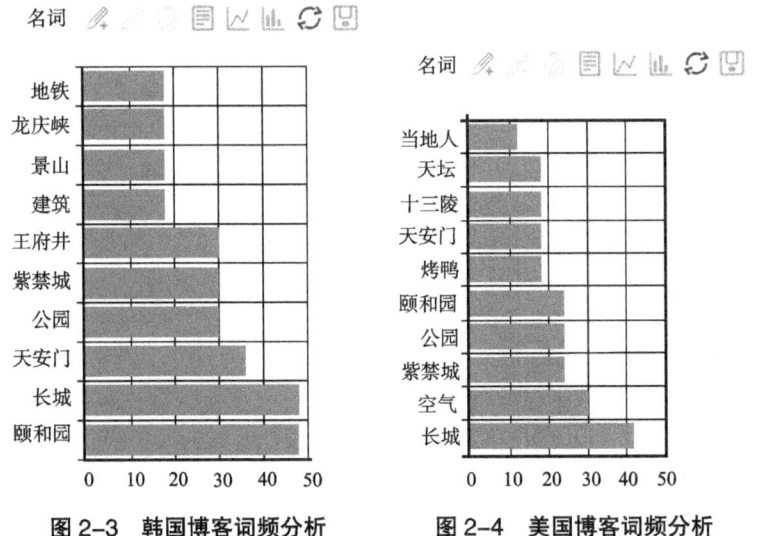

图 2-3　韩国博客词频分析　　图 2-4　美国博客词频分析

频率最高的依次为"长城""空气""紫禁城",反映了韩美游客对北京古代文化遗址类的景区关注度高。同时,美国游客博客中"空气"一词排到了第二,反映了美国游客对环境质量的感知强烈。

(三)语料维度分析

关于语料处理,根据原博的形容词的词性,区分了关于北京旅游的4种体验评价:正面的、负面的、正负兼有和客观评价(仅仅客观描述和记录,不包含带有主观态度的形容词)。

例如:"A1的士司机没有系安全带,餐厅没有英文菜单,点餐麻烦,超市,紫禁城,当地人帮助,地铁双语,天安门,颐和园美丽,馅饼好吃,中国字剪纸"中"的士司机没有系安全带"记录为旅游从业人员负面评价,"当地人帮助"记录为市民正面评价,"天安门"记录为政治文化客观描述,以此类推。

再将每条博客大纲的每个名词进行定性的一一统计,按四大维度对数据进行汇总,得出以下四张表。

1. 韩、美游客对北京旅游形象的感知——文化维度评价

在搜集的所有语料中,无论是韩国游客还是美国游客,在所有维度的子范围中提到古代文化遗址的频率最高(韩169,美143),并且大多数韩国、美国游客都对北京的古代文化遗址给予了正面的评价,表明韩、美游客对北京的古文化印象深刻,丰富厚重的古代文化是吸引这些游客前来北京旅游的一个重要原因。从词频分析中名词词频来看,韩、美这些博客中多数表明了对长城、颐和园、紫禁城等著名景点的欣赏,形容词多为"伟大""历史性"等。

在民俗、工艺方面,美国博主记录多于韩国,韩国博主主要为对瓷器工艺、人像建筑的记录,而美国游客博客记录相对丰富,有京剧、茶馆、剪纸等北京特色明显的代表物,反映了美国游客较韩国游客更喜欢这种极具东方色彩和地方特色的传统文化。

政治文化方面,这些博客主要提到的景点是天安门,其中有美籍博主表达了对毛主席的五星军帽的兴趣。

饮食文化方面,韩国游客提到较多的是饺子、包子,还有一些年轻博主会选择中国比较有名的连锁餐饮店进食,例如永和豆浆、海底捞。美国游客更多的是提到烤鸭,由此看来,"北京烤鸭"这个形象已经深入美国游客之心。

文化艺术方面，韩国游客博客中提到的频率高于美国，提到最多的景点是北京798。韩、美游客同时都提到奥运景点，还有提到博物馆的。

由此可见，在文化维度方面，"古代文化遗址"为对韩、美两国游客最大吸引要素。韩国游客对类似798的文化艺术园区关心度高于美国游客，对北方面食比较熟悉、喜欢。东方文化厚重的事物对美国游客吸引力更大，例如"茶馆、胡同"等。

表2-2 韩、美游客对北京旅游形象文化维度评价表

国别	韩国				美国			
评价性质	正面	负面	正负兼有	客观描述	正面	负面	正负兼有	客观描述
古代文化遗址	102	0	13	54	78	0	11	54
民俗、工艺	30	0	3	6	15	5	0	36
政治文化	24	0	0	18	6	0	2	18
饮食文化	18	2	0	15	30	1	1	15
艺术	6	0	0	24	0	0	3	12

2. 韩、美游客对北京旅游形象的感知——生态维度评价

生态维度中，美国游客高频率地表达了对北京空气质量差的评价；韩国游客更加关注自然风光，多人提到龙庆峡及景山公园，表达了对山水风景的欣赏，表明韩国游客较美国游客更加关注北京的自然风光，美国游客较韩国游客更加注重环境质量的好坏。

表2-3 韩、美游客对北京旅游形象生态维度评价

国别	韩国				美国			
评价性质	正面	负面	正负兼有	客观描述	正面	负面	正负兼有	客观描述
环境质量	0	6	0	0	6	37	0	3
自然风光	33	0	6	21	6	0	11	8

3. 韩、美游客对北京旅游形象的感知——经济现代化维度评价

经济现代化维度中，韩、美游客提到的多为公共交通，地铁是其中一个

代表,韩、美游客都肯定了北京公共交通的便捷(双语标识、购票便利);部分美国游客抱怨了北京交通拥堵。娱乐购物方面韩国游客和美国游客感知差异较大,韩国游客博文中涉及娱乐购物的有107次,而美国游客博文中只提到32次。在被统计的博文中多数韩国博主对北京的商业街、百货表达了正面评价,认为"商业街大""超市干净";而美国博主褒贬不一。由此可见,相比美国游客,韩国游客会更加关注北京的商业街等娱乐购物方面的体验。

表2-4 韩、美游客对北京旅游形象生态维度评价

国 别	韩 国				美 国			
评价性质	正面	负面	正负兼有	客观描述	正面	负面	正负兼有	客观描述
交 通	18	0	0	0	6	12	0	12
公共设施	12	0	0	6	0	0	0	3
娱乐购物	69	7	0	31	19	18	0	5

4. 韩、美游客对北京旅游形象的感知——社会和谐维度评价

在社会和谐维度,相比韩国游客,美国游客在博客上更多地提到了对旅游从业人员的评价,例如"导游有趣""民宿亲切";也有负面评价,如"司机不系安全带"。美国游客更喜欢与北京当地居民接触,认为当地人"友好""亲切"。在被调查的博客中,韩、美游客都较少提到其他游客,主要都为负面评价,例如"插队""景区违规停车"。

表2-5 韩、美游客对北京旅游形象社会和谐维度评价

国 别	韩 国				美 国			
评价性质	正面	负面	正负兼有	客观描述	正面	负面	正负兼有	客观描述
旅游从业人员	7	0	2	0	19	7	0	4
市 民	6	0	2	0	23	0	0	4
其他游客	0	5	0	2	0	6	0	0

(四)北京旅游目的地形象东西方感知差异

总的来说,北京"历史文化之都"的形象深入韩、美游客心中。韩国、美国作为北京旅游东西方两大海外客源国,其游客对于北京旅游目的地形象

感知的差异主要体现在以下几个方面：

韩国游客会更加关注北京的商业街等娱乐购物方面的体验；韩国游客对类似 798 的文化艺术园区关心度高于美国游客；韩国游客较美国游客更加关注北京的自然风光；韩国游客对北方面食比较熟悉、喜欢。

东方文化厚重的事物对美国游客吸引力更大，例如"茶馆""胡同"等；美国游客较韩国游客更加注重环境质量的好坏，"北京烤鸭"这个形象已经深入美国游客之心；美国游客更倾向于与北京当地人接触。

五、北京旅游目的地营销方案建议

结合韩国、美国两国游客对于北京旅游目的地形象感知的差异，可以针对细分市场，对北京旅游目的地形象定位提出有效建议，以便提高来京旅游者体验的质量，从而提升北京市旅游形象国际传播的有效性。

（一）韩国市场：依托 VR 游戏将历史与现代融合

基于前文研究，韩国游客在欣赏北京历史古韵的同时对北京的商业购物也十分关注，针对这一特点，对于韩国旅游市场，在做北京旅游目的地形象定位时，应该在强调"历史厚重的文化古都"的形象同时，树立北京商业现代化、购物便利的"时尚都市"形象。在同一宣传载体中将"古""今"结合，可以利用"穿越"概念设计 VR 小游戏，将"历史感"和"现代感"结合，进行强烈的对比，让韩国玩家在现代、古代模式中完成各项小任务，纵向感受北京的动态发展。

游戏结合中华文化设计多种角色，例如"皇帝""太子""大臣""商贩""农民"等等。不同的角色在游戏中有不同的任务，例如"皇帝"需要批阅奏章，"商贩"需要理货叫卖等。同时，将北京自然风光作为游戏中"休闲""休养"的场景，让喜爱自然风光的韩国玩家感受"生态北京"。将"老北京味"的老字号手艺融入游戏场景中，提升韩国游客对北京美食的认知。在游戏初期完成 10 个小任务后，角色会穿越到现代，在游戏的北京现代模式中完成相应任务。

可以设想这样一个场景，玩家选择"皇帝"角色，完成了"批阅奏章""微服私访""游御花园""在北京老字号宴请外国使节""香山赏叶""品焦圈豆汁"等古代 10 项任务后，穿越到现代北京，参与"王府井拼图""超市寻物""服装搭配""寻找品牌"等现代 10 项任务。在每完成一项任务时，玩家可获得一定的"金币"。在完成古今 20 项任务后，游戏升级为"专家模式"，玩家可以获得自由转换"古""今"模式的权利，并可以更换角色，参与其他任务。整个游戏设置在半小时内可以完成一个角色的古今 20 项任务，避免冗繁。

  已有部分企业及旅游景区利用 VR 技术和旅游业相结合，拍摄全景旅游地宣传片和体验视频。VR 游戏与单纯的宣传视频相比，增添了娱乐性与参与性，除了吸引本身对北京旅游感兴趣的游客之外，还可以使一些原本对旅游无兴趣而是仅仅喜欢玩游戏的玩家在游戏过程中潜移默化地成为潜在游客。同时，在游戏中，玩家在任务完成时可以得到网络"金币"，这些虚拟钱币可以在北京旅游购买景区门票或游览周边产品时兑换一定的折扣。虚拟游戏中的收益可以在现实旅游中得到利用，更加激发游客参与游戏的热情。

（二）借助直播展现"东方人·情·味"

  对于美国旅游市场，在做北京旅游目的地形象定位时，首先要强调"东方元素"。通过博客分析，我们发现美国游客由于中西方文化的巨大差异性，对东方文化表现出了极大的兴趣。在做北京旅游形象定位时，可以结合"北京地方志"，深度挖掘北京特色文化，应重点将例如"茶馆""胡同"等极富"东方元素"和北京"地域文化"的要素融入北京形象。其次，在研究中发现，美国人在旅游中乐于与当地人接触，为此，在进行北京旅游宣传时，应该打造亲切友好的"北京人"形象，选取形象健康的北京本地人做形象大使和志愿者，展示北京人的热情、亲切；同时加强对北京居民友好帮助外来游客的宣传教育。

  可以在美国部分车站设立具有直播功能的广告牌，选取熟悉北京历史文化且外语流利的北京志愿者为主播，事前对主播进行文化知识、沟通技巧、语言表达的统一培训。之后，让这些主播在具有东方特色的北京景点或北京老字号美食店里进行直播，随机选取美国路人作为对象，通过设立在车站的直播牌，采取聊天的形式，讲解北京人的生活故事。例如主播在某老字号涮肉店进行直播，向选中的美国路人介绍北京的天气、品牌故事、涮肉的吃法、食用益处等等。这种与路人进行实时对话的形式更好地将"人情味"与"互动性"融合，更有力地提高了营销效果，并且广告牌可以打印北京旅游资料或北京美食店菜单,增添互动。

传统的利用网络直播平台、找网络红人来做直播的模式,吸引的受众仅仅为网络红人的追随者或喜爱看网络直播的观众,而"直播广告牌"采取"主播找观众"的新模式,大大扩大了直播受众面,因为走近车站直播广告牌的,可能是位不懂上网的老奶奶,或是忙于出差的白领。相比传统直播中主播"一对多"的沟通方式,"直播广告牌"采取"一对一"的形式,拉近了主播与观众的距离;并且,直播牌设立在车站这种人流量大的公共区域,势必会吸引很多好奇的路人,在与选中的观众进行沟通的同时,围观群众都成为了这场"一对一"直播的观众。加上围观群众在社交媒体上进行讨论,相信车站直播牌会成为车站的热门话题,吸引更多人参与。

除此之外,北京旅游局应积极和有关环保部门合作,整治北京环境问题,特别是空气质量问题,这是一项任重道远的任务。在对外宣传时,可以将对为改善环境而作出的努力和成果进行报道,改善美国游客心中北京空气差的印象。最后,依据博客发现美国游客对于北京美食的了解仅仅停留在"北京烤鸭"阶段,可以征集有志于学习北京传统美食手艺的海外中餐厅老板,进行远程教学,帮助美国"唐人街"等地区中餐厅老板学习北京美食的做法,改良菜单,丰富美国人对北京美食的认知。

第二节　北京旅游形象感知及传播方案
——以韩国客源市场为例

刘越　吴新芳[①]

一、方案背景

(一)北京国际化地位对提升我国旅游整体形象具有重要意义

2013 年"美丽中国之旅"正式确定为我国旅游整体形象,不仅代表着我

---

① 刘越　吴新芳,北京第二外国语学院旅游管理学院。

国博大精深的文化及丰富的旅游资源，也代表着我国旅游业的发展方向，传递着我国增强国际旅游形象的努力的信息。北京作为我国的政治、文化中心，在国家旅游整体形象的宣传中扮演了重要的角色。在北京"十三五"规划中，北京以"建设国际一流和谐宜居之都"为目标，其国际化地位也要求着北京不断提升整体旅游形象，向世界传播"美丽中国之旅"的美好形象。

（二）北京入境旅游市场持续低迷要求北京完善旅游形象传播

发展入境旅游是传播国家旅游形象的重要窗口。北京自20世纪七八十年代以来，入境旅游市场快速发展。但近年来，相比国内旅游市场保持稳定利好态势，北京入境旅游市场却逐渐低迷，入境旅游人次与旅游外汇日益下降，影响着北京入境旅游市场的发展。

北京入境旅游市场的持续低迷从另一方面也要求北京市加强旅游形象的传播。通过调查旅游客源国游客对北京旅游形象的感知情况，形成北京国际旅游形象传播方案，对加强北京旅游形象、发展入境旅游市场具有重要意义。

（三）韩国是北京入境旅游市场的主要客源国

本方案对2006—2015年北京入境旅游市场进行分析发现，如图2-5所示，近10年间，韩国来京旅游人次呈波动上升趋势，由2006年的42.4万人次至2011年达到最高的53.4万人次；2008年与2009年受金融危机的影响，旅游人次逐渐下降后慢慢回升。如表2-6所示，在北京入境市场日益低迷的背景下，韩国客源市场在2012年后降幅收窄，逐渐增长；韩国来京旅游人次占外国人比重维持在10%~12%，说明韩国是北京入境旅游市场的主要客源国之一，并且在客源国排名中保持在第2、3名。以2015年为例，如表2-7所示，美国在来京旅游市场中虽排名第一，但美国人口基数高于韩国，韩国旅游人次同比增长7.5%且在外国客源市场中占11.63%。这一系列旅游数据说明，韩国是北京入境旅游市场中重要的客源市场之一，对北京入境旅游市场具有较大的影响力。若能深入分析韩国客源市场，调查韩国游客对北京旅游形象的感知情况，进而进行精准传播，将能更好地把握韩国这一重要的客源市场，为北京国际旅游形象传播提供有力的借鉴。

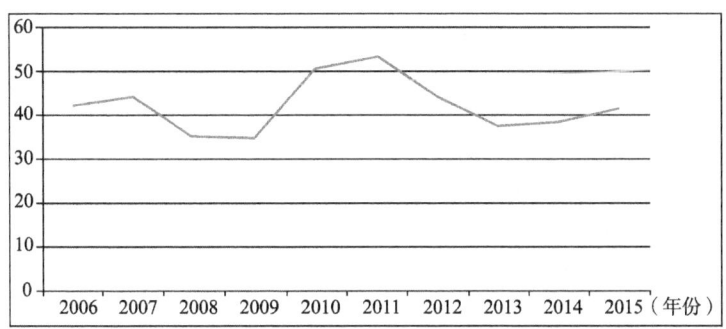

图 2-5 2006—2015 年韩国来京旅游人次变化

表 2-6 2006—2015 年韩国来京旅游人次情况

	2006年	2007年	2008年	2009年	2010年	2011年	2012年	2013年	2014年	2015年
旅游人次（万人次）	42.4	44.4	35.3	35.2	50.6	53.4	44.2	37.7	38.7	41.6
比上年增长（%）	-6.4	4.7	-20.5	-0.3	43.8	5.5	-17.2	-14.7	2.7	7.5
旅游人次占外国人比重（%）	12.5	11.6	10.52	10.3	12	12	10.2	9.73	10.6	11.6
在外国客源国中排名	3	3	3	3	3	2	3	2	2	2

数据来源：2006—2015 年北京市统计年鉴

表 2-7 2015 年北京接待外国游客人数情况

主要客源国	来京人数（人次）	同比增长	份额（%）
外国人	3 575 582	-2.2	100.0
美国	694 138	-2.9	19.41
韩国	415 887	7.5	11.63
日本	258 473	3.9	7.23
德国	211 627	-6.3	5.92
英国	172 008	1.7	4.81
法国	152 769	14.2	4.27
澳大利亚	135 762	-7.0	3.80
加拿大	130 240	-6.9	3.64

数据来源：2015 年北京市统计年鉴

二、韩国客源市场及韩国游客对北京旅游形象感知分析

基于韩国对于北京入境旅游市场的重要性，本方案以韩国客源市场为对象，聚焦此客源市场对北京旅游形象的感知情况，综合采用文献、调查数据、网络文本分析等多种方法，对韩国客源市场、来京游客对北京旅游形象感知情况进行深入分析。

（一）韩国客源市场分析

1. 韩国客源市场总体规模

本方案基于韩国总体客源市场规模状况，从中了解韩国游客来华旅游发展情况，进而为分析韩国来京旅游客源市场奠定基础。

我国与韩国于 1992 年建交后，随着两国经贸和文化交往越来越密切、交通更加便捷，韩国来华游客不断增加，从 1992 年的 11.24 万人次，迅速增长到 2005 年的 354.53 万人次。如表 2-8 所示，2005—2011 年，韩国旅华游客人次总体呈上升趋势，年均增长率为 5.63%，但在个别年份出现明显波动，如 2008 年和 2009 年受金融危机影响，旅游人次出现下降。且由于 2009 年后，韩国游客更多前往欧美及东南亚等国家和地区旅游，韩国来华人数受到影响，2011 年旅游人次未回复到金融危机前的水平，直至 2014 年才呈上升趋势。受此影响，韩国来华游客占出境总比重整体呈下降趋势，比重由 2005 年的 35.17% 下降至 2014 年的 26%。

表 2-8 韩国来华、来京旅游人数情况

年份	来京游客人数（万人次）	来华游客人数（万人次）	同比增长率（%）	来京游客占来华人数比重（%）	出境总人数（万人次）	来华游客占出境比重	来京游客占出境比重
2005	42.4	354.5	24.6	11.96	1008.0	35.17	4.21
2006	44.4	392.4	10.7	11.31	1161.0	33.80	3.82
2007	35.3	477.7	21.7	7.39	1332.5	35.85	2.65
2008	35.2	396.0	−17.1	8.89	1200.0	33.01	2.93
2009	50.6	319.8	−19.3	15.82	949.1	33.68	5.33
2010	53.4	407.6	27.5	13.10	1248.8	32.64	4.28
2011	44.2	418.5	2.7	10.56	1269.4	32.97	3.48

续表

年份	来京游客人数（万人次）	来华游客人数（万人次）	同比增长率（%）	来京游客占来华人数比重（%）	出境总人数（万人次）	来华游客占出境比重	来京游客占出境比重
2012	37.7	407.0	−2.8	9.26	1373.7	29.63	2.74
2013	38.7	396.9	−2.5	9.75	1484.6	26.73	2.61
2014	41.6	418.1	5.4	9.95	1608.0	26.00	2.59

资料来源：韩国观光统计年鉴（2005—2014）

从韩国来京旅游与韩国来华旅游人次来看，来京游客占来华人数比重保持在10%左右，说明北京是韩国游客来华的主要目的地之一，且比重在2009年后逐渐降低，至2013年缓慢回升；在整个出境人数的背景下，来京游客呈现先下降，2007年最低，2009年最高，之后逐渐下降的趋势。综合以上数据可以看出，韩国来京游客变化与来华游客变化趋势相同，都受到金融危机的影响，之后有所波动，但整体呈下降趋势，2014年有所回升；在韩国出境旅游中，2009年后由于出境旅游目的地增多，对来华、来京游客有所影响。我国及北京是韩国出境旅游的主要目的地，但吸引力近年来有所下降，因此加强我国及北京旅游形象传播具有重要的意义。

2. 影响韩国客源市场旅游因素分析

影响韩国游客来华旅游的因素也可能影响着其来京旅游。苏倩（2012）[①]通过选取2002—2011年的月度数据，分析影响韩国游客来华的因素，发现中韩两国的汇率变动对来华韩国游客量产生负效应，韩国公民人均GDP对来华韩国游客量产生正效应，而2003年"非典"和2008年金融危机使得韩国来华游客量显著下降，表明经济、社会的不可控因素会影响入境市场需求，需要降低突发事件给旅游业造成的损失。

3. 韩国客源市场旅游动机分析

在旅游动机上，韩国来华游客主要为观光游览和从事商务活动。选取2005年和2013年两个年度分析韩国客源市场旅游动机及其变化。如图2-6

---

① 苏倩. 韩国游客来华旅游影响因素分析［J］. 对外经贸，2012（6）：28-29.

和图 2-7 所示，观光休闲与会议商务是主要旅游动机，占 80% 左右的市场。观光休闲有所下降，但仍占据较大比重；会议商务由 2005 年的 28% 上升至 2013 年的 32.7%，表明随着中韩两国商贸的发展，会议商务旅游发展空间较大。

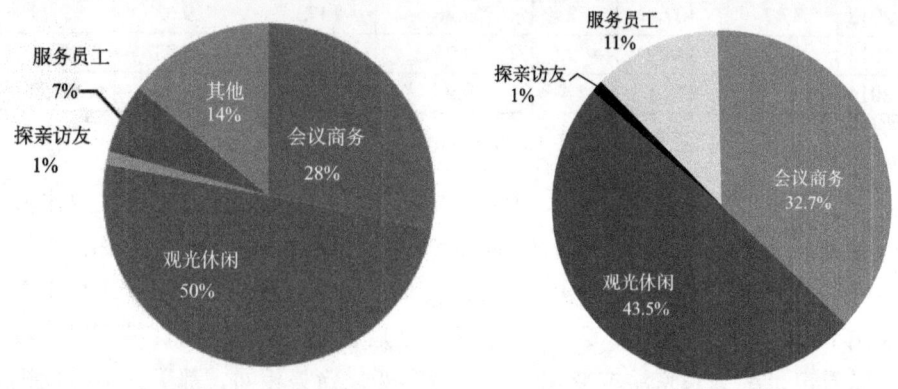

图 2-6　2005 年韩国来华游客动机情况　　图 2-7　2013 年韩国来华游客动机情况

资料来源：中国旅游统计年鉴（2006—2014）

4. 韩国客源市场结构特征分析

（1）性别构成

从性别结构上，如图 2-8 所示，男性游客是韩国主要的旅游市场，远高于女性游客，但女性比例逐渐小幅上升。旅华男女比例远高于出境游，表明韩国来华游客性别比与出境旅游市场存在较大差距。男性游客比例在来华游客中仍占主导地位，可能与男性来华进行商务旅游相关。

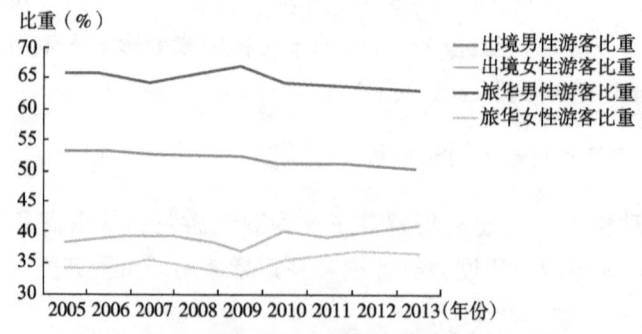

图 2-8　韩国旅华与出境游客性别构成变化情况

资料来源：中国旅游统计年鉴（2006—2014）和韩国观光统计年鉴（2005—2013）

(2) 年龄构成

在年龄结构上，25—64 岁是韩国主要的客源人群。选取 2005 年和 2013 年分析其年龄构成及其变化。2005 年，25—44 岁年龄段的游客占 43.6%，45—64 岁游客占 38.1%；而 2013 年，25—44 岁游客占比有所下降，45—64 岁游客比重小幅增加。总体上，中青年游客是韩国主要的客源市场。从北京入境旅游市场的角度来看，2015 年 25—44 岁年龄段游客占比 48.3%，而 45—64 岁占 31.2%[①]，与韩国主要客源市场年龄构成相类似。因此，可针对此年龄段游客加强北京旅游产品的设计开发，如利用北京丰富的教育资源完善来京修学旅游产品，同时也可加强对老年人和青少年市场的开发。

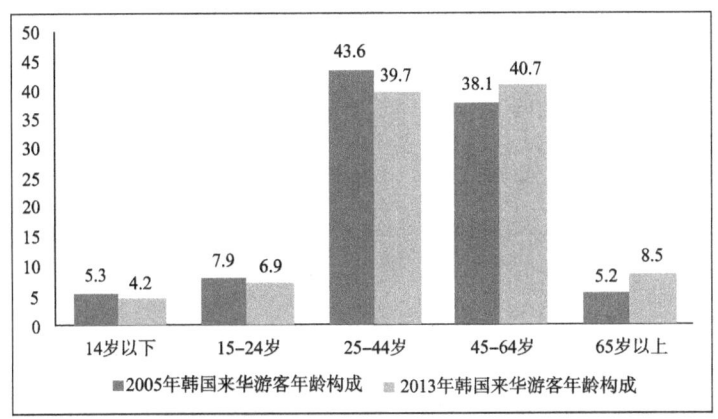

图 2-9　2005 年和 2013 年韩国来华游客年龄构成情况

资料来源：中国旅游统计年鉴（2006—2014）

5. 韩国客源市场平均逗留时间

如图 2-10 所示，韩国客源市场平均逗留时间在 5 天左右，且从 2005 年至 2008 年逐渐上升，2009 年受金融危机影响而下降，后逐渐回升；同时韩国来华游客人均停留时间低于其他入境游客，这与韩国距我国交通距离较近游客多从事短途旅行且以观光休闲活动为主有关。韩国与北京交通便利，使韩国游客来京平均逗留时间在 5 天之内，因此，北京旅游开发需兼顾短线与长线旅游产品的开发。

---

① 数据来源：北京市统计局. 2015 年北京统计年鉴 [EB/OL]. 2011-2015. http://www.bjstats.gov.cn/tjsj/ndsj/.

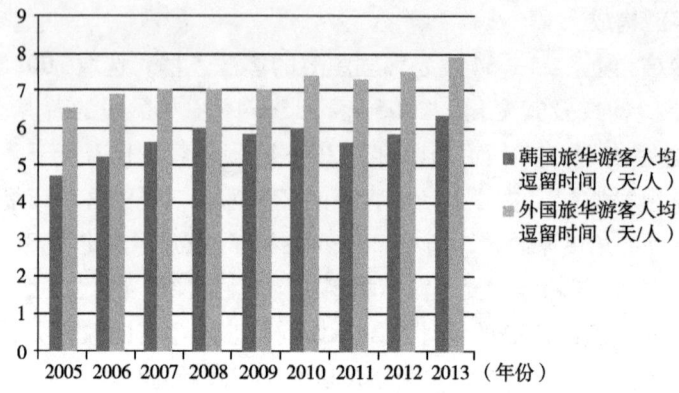

图 2-10　韩国客源市场人均逗留天数

资料来源：入境游客抽样调查（2006—2014）

6. 韩国客源市场消费水平分析

从 2015 年北京旅游外汇收入构成来看，长途交通（36.78%）与购物（19.87%）是最主要的收入构成①。从韩国来华游客消费水平来看，2013 年人均消费在 1400 美元左右，从 2005 年至 2013 年波动较大，2008 年后人均消费逐渐下降，至 2011 年之后有所上升。从中可以看出，韩国来华旅游消费不稳定，对北京来说，交通便利可能带来停留时间缩短，有针对性地打造旅游消费项目，提高入境旅游市场收益，对北京国际旅游营销来说仍值得进一步完善。

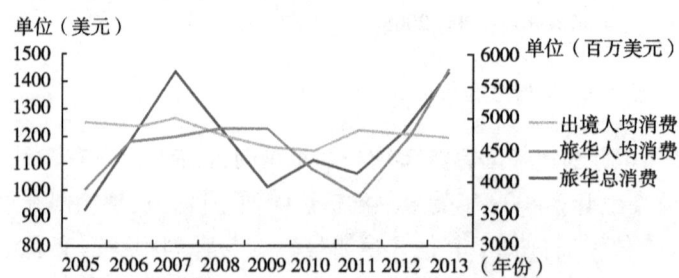

图 2-11　2005—2013 年韩国来华及出境游客旅游消费

资料来源：韩国观光统计年鉴（2006—2014）

---

① 数据来源：北京市旅游发展委员会. 2015 年北京旅游业概况 [EB/OL]. 2016-03-18. http://www.bjta.gov.cn/xxgk/tjxx/382067.htm.

7. 韩国客源市场获取旅游信息主要渠道

如图 2-12 所示，韩国游客通过互联网获取旅游信息达到 87.5%，通过电视为 49.6%，其次为通过家人、亲友、熟人介绍，户外和交通工具最低。

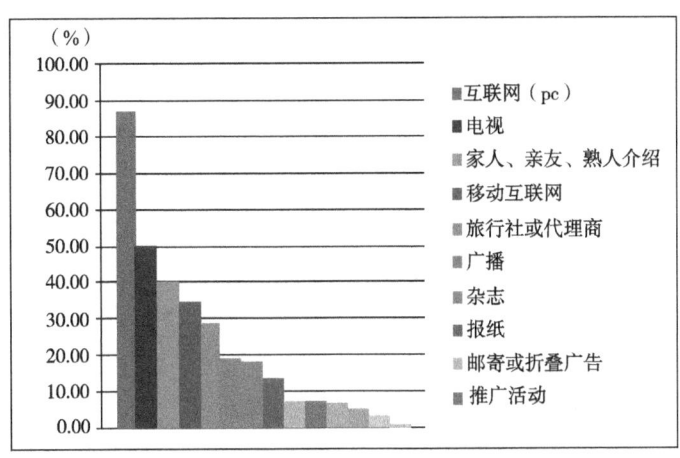

图 2-12　韩国客源市场获取旅游信息主要渠道

资料来源：韩国来华旅游舆情及传播效果调查报告．中国旅游国际舆情与传播智库，2015．

（二）韩国游客对北京旅游形象感知分析

旅游目的地的形象研究始于 20 世纪 70 年代，研究视角一般有两种，分别是旅游目的地角度和旅游者角度，也即供给和需求角度[①]。随着互联网的渗透力和影响力与日俱增，越来越多的旅游者会在网络上以评论、图片、游记、攻略等形式，表达对旅游目的地游玩最真实的感受与想法。因而，从互联网上直接获得的游客旅游信息也更生动与准确。本研究从旅游者角度，通过从互联网旅游评论网站采集韩国游客评论，运用 ROST CM 6.0 软件分析，提炼出北京旅游形象感知高频词，建立分析类目，从而具体分析韩国游客对北京旅游形象的感知。

1. 数据来源

TripAdvisor（官方中文名"猫途鹰"）是全球知名的旅行社区，汇聚了

---

① 高静．国内旅游目的地营销研究现状及展望[J]．北京第二外国语学院学报，2008(11)：21-29．

来自全球旅行者的 2 亿多条真实点评，月访问量达 3.4 亿人，同时拥有超过 7800 万的注册会员，是包括韩国游客在内的全球游客出行预订和评论等最受欢迎的旅游网站之一。TripAdvisor 上游客评论有三个版块，分别是酒店、景点和餐厅。本研究选取北京市最具代表性且在 TripAdvisor 上排名靠前景点的韩国游客评论，分别是：慕田峪长城和八达岭长城（72 个评论）、天安门广场（28 个评论）、故宫（33 个评论）、王府井（28 个评论），共计 153 条评论，每个评论字数 22~284 字不等，共计 13683 字。

2. 研究方法

本研究主要采用内容分析法（Content Analysis）进行分析，内容分析法是对传播内容进行客观、系统和定量描述的研究方法。通过对网络文本的内容进行分析能够较为准确地了解游客对旅游目的地形象的感知。

在利用软件抓取高频词上，本研究通过软件 ROST CM 6.0 对全球知名旅游评论网站 TripAdvisor 上的北京市主要几个旅游景点的韩国游客评论进行了网络文本分析。ROST CM 6.0 是武汉大学沈阳教授研发编码的目前国内唯一的辅助人文社会科学研究的大型免费社会计算平台，该软件可以实现分词、字频分析、词频分析、情感分析、社会网络与语义分析、聊天分析、流量分析、聚类分析等一系列文本分析。贾磊[1]、方成江[2]、杨昆[3]等均使用 ROST 软件对城市旅游目的地形象进行了分析。

3. 研究步骤

（1）样本选取

在 TripAdvisor 网站（http：//www.tripadvisor.cn）上，选取"目的地"并以"北京市"为搜索关键词，进入"景点"评论，分别选取需要获得评论的"慕田峪长城""天安门广场""故宫""王府井""八达岭长城"5 个

---

[1] 贾磊. 西部城市旅游感知形象研究——基于网络点评的文本分析 [J]. 浙江旅游职业学院学报，2013（03）：23-29.
[2] 方成江，薛华菊，曾程程，张文. 旅游微博对青海旅游业的发展影响研究——基于新浪微博的网络文本内容分析 [J]. 旅游经济，2013（11）：139-141.
[3] 杨昆，姬梅，陈娅玲. 基于网络游记的西藏旅游目的地形象探析 [J]. 旅游论坛，2013（03）：60-65.

景点的评论，限定评论语言为韩文，获得 5 个景点的所有韩文评论，共计 153 条。人工翻译所有韩文评论，删去数字、符号、图片等与文本分析无关的内容，总计有效文本 12 352 字，以 ".txt" 的形式保存文本进行分析。

(2) 样本分析

采用 ROST CM 6.0 对 ".txt" 文本进行分词分析，将完整的语句进行词类划分，查询分词结果，生成分词后词频表；将"上去""过去""楼梯""能够""小时"等相关性不强的词添加到过滤词表，重新进行高频词的提取。保存最终的高频词词汇及频数，按照词汇出现频率进行排序。

(3) 建立分类项目

本文通过对韩国游客在北京主要旅游景点的评论进行社会网络和语义网络分析，并依据已有高频词分析结果进行了用户特征的分析，结合北京旅游目的地的实际情况，构建了情感偏好分析和认知形象分析两个相关维度。

4. 研究结果

通过对高频词的筛选，取顺序排列的前 50 为主要研究对象，见表 2-9。最终可见，文本内容包括了名词、动词、形容词，名词主要是旅游吸引物，动词主要反映了旅游者行为，形容词主要是对旅游环境的描述。总体看来，"慕田峪长城""天安门广场""故宫""王府井""八达岭长城"为评论样本选取的景点，总体排名较为靠前。此外，名词中除了选取的这 5 处北京市旅游景点外，还出现了频次较多的"韩国""台湾""明洞"（韩国旅游景点）等其他旅游目的地和"烤串"（此高频词主要来源于王府井特色炸串）等北京市特色美食，反映了韩国游客在北京旅游过程中会较多地寻找与本国或其他地方的差异，追求差异化体验的特点。另外，高频词中韩国人多以"故宫"的别名"紫禁城"（자금성）来表示"故宫"（고궁），以一韩国游客评论为例："개인적으로 간거라서 자금성이란 이름만 찾았는데, 여기선 자금성 내부 전체를 고궁박물관이라고 부른다（自己按照紫禁城这个名字找过去的，但是在那里整个紫禁城被叫作故宫博物院）"，表明大部分韩国人对"故宫博物院"这一名字认知较少。动词中"参观""步行""购物"等一定程度上反映了韩国游客行为特点。形容词主要表现了韩国游客对北京旅游的态

度和认知，如"有名""伟大""宽敞""繁华""方便"等，多为正面评价与感知。

表2-9 韩国游客评论高频词词频表

序号	高频词	频数	序号	高频词	频数
1	地方	62	26	历史	8
2	长城	54	27	修建	8
3	北京	50	28	吃惊	8
4	中国	46	29	宽敞	8
5	紫禁城	39	30	建筑	7
6	万里长城	36	31	风景	7
7	缆车	34	32	繁华	6
8	天安门	31	33	人们	6
9	参观	24	34	台湾	6
10	景点	19	35	讲解	6
11	时间	17	36	故宫博物院	6
12	有名	17	37	慕田峪长城	6
13	王府井	16	38	明洞	6
14	规模	13	39	方便	6
15	八达岭	12	40	观光	6
16	烤串	12	41	天气	5
17	韩国	12	42	安全	5
18	人民	11	43	夜市	5
19	伟大	10	44	小心	5
20	想象	10	45	壮观	5
21	步行	9	46	文物	5
22	感受	9	47	遗憾	5
23	楼梯	9	48	地铁站	5
24	旅游	9	49	胡同	5
25	购物	9	50	烤鸭	5

(1) 情感偏好分析

情感偏好分析是判断韩国游客对北京旅游形象感性认知的主要依据，在高频词统计中对形容词进行了摘录，总体上看，多为正向、积极意义的词汇，具有直观的参考价值。其中"有名""伟大""宽敞""繁华""方便""安全"等都是韩国游客对北京的正面评价,多以感叹、赞美的词汇表达了对北京旅游的积极态度;"吃惊"显示出韩国游客对北京这几个主要景点情感上的震惊;"遗憾"则表现出韩国游客所认为的由于某些条件,如时间、精力、行程安排、天气等原因导致的不完美的旅游行程,多表达游客会有重游的意愿。

对韩国游客的情感偏好分析是以".txt"分词后的文档为基础,得出积极情绪占74.26%,中性情绪为11.39%,消极情绪为14.35%。消极情绪主要体现在对景区人多、环境卫生稍差,以及部分景区服务设施陈旧导致的不安全因素的不满。

表2-10 情感分布统计结果

分析结果	条数	占比(%)
积极情绪	176条	74.26
中性情绪	27条	11.39
消极情绪	34条	14.35
积极情绪分段统计结果		
一般(0—10)	81条	34.18
中度(10—20)	52条	21.94
高度(20以上)	43条	18.14
消极情绪分段统计结果		
一般(-10—0)	24条	10.13
中度(-20—-10)	7条	2.95
高度(-20以下)	2条	0.84

注:由于软件逐行分析,一条评论可能会同时对应几条分析结果,所以分析结果条数与评论条数不等

(2)认知形象分析

通过使用ROST CM 6.0软件对样本进行社会网络和语义网络分析,得到韩国游客对北京旅游形象认知的可视化图谱。从图2—13中可以看出以"中

国"和"北京"为主要节点,越靠近这两个词与其关系越密切,整个语意系统呈网状分布,各节点相关性较强,并且围绕选取的几个主要景点向周边要素辐射,形成以"天安门""紫禁城""万里长城""王府井"为重要节点的网络分布图。从图中可以看出,首先,去长城的韩国游客考虑较多的是长城楼梯比较陡是坐缆车抑或是步行、缆车的安全性等基础设施方面问题以及对长城修建历史的思考;去王府井的韩国游客多会以韩国明洞为比较对象,寻找两者之间的差异,并对王府井的"烤串""购物""书店"有较多关注;图 2—13 中,"紫禁城"和"天安门"这两个景点距离主要节点词"北京"和"中国"最近,相关性最强,说明去故宫和天安门的韩国游客会对北京和中国产生较强的整体认知,且韩国游客对"紫禁城"的认知程度强于"故宫"或"故宫博物院"。其次,韩国游客对北京旅游形象感知的语义网络图还包含了感知性词语,如壮观、伟大等,一定程度上反映了韩国游客对北京旅游形象的总体感知。

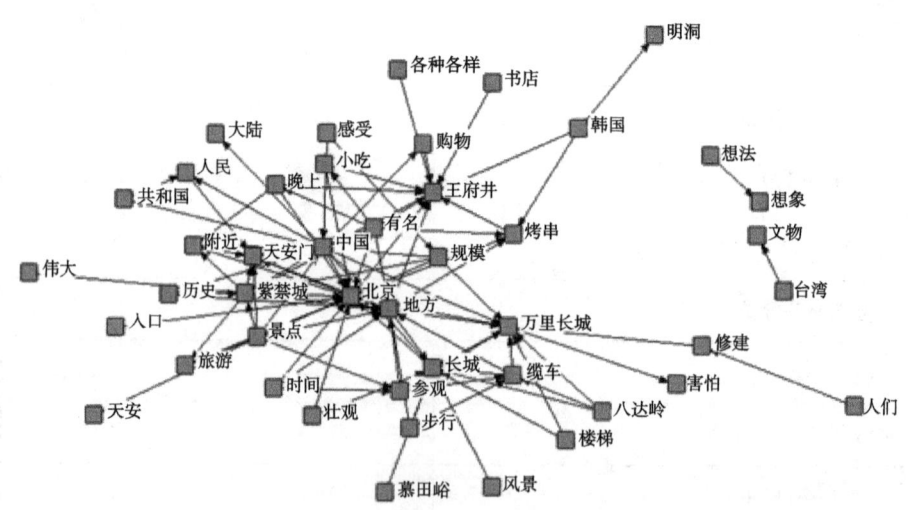

图 2-13　韩国游客对北京旅游形象的认知图谱

三、针对韩国客源市场的北京旅游形象传播方案

(一) 北京旅游形象传播过程

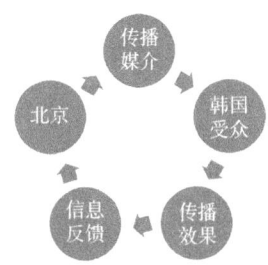

图 2-14　旅游目的地形象传播双向沟通

(二) 主题定位与传播内容

1. 明确传播主题与定位

2013 年我国将"美丽中国之旅"定为国家整体旅游形象,在"十三五"规划中北京以"建设国际一流和谐宜居之都",打造人文北京、绿色北京、科技北京为目标,拟将北京丰富的旅游资源作为传播主题。2016 年以"从心,遇见北京"为主题进行北京国际旅游形象传播,国际宣传中建议采用更加明确的北京旅游形象标识。

2. 细分韩国客源市场,丰富旅游产品

韩国来京客源市场呈现出以观光休闲、会议商务为主,男性比重大、女性增长较快,中高年龄层比重较大,组团游比重大,自助游有所增加等特征。因此,应根据团队游、自助游、青少年、老年、商务人士、女性等进行细分,有针对性地提供满足游客需求和偏好的旅游产品。针对女性市场,韩国女性消费者更重视美食和购物体验,可开发面向韩国女性消费市场的美食和购物产品,丰富北京特色美食小吃,在购物体验上,增加北京工艺品、传统服饰、纪念品、中医保健品等的特色,在产品设计、包装上更加迎合韩国游客的需求。针对青少年群体,利用北京丰富的教育资源,组织研学、修学旅游,以夏令营、文化交流等形式提高青少年旅游比重。对于老年人旅游市场,整合

北京休闲养生的旅游资源，如温泉、保健医疗、茶道禅道等。针对自助游，完善旅游软件服务，在旅游信息系统、旅游自助服务系统上更加有利于韩国游客自助旅游。据调查，受韩国游客欢迎的旅游形式包括青少年的修学旅游、女性的海外购物旅游、新婚蜜月旅游、休闲度假旅游、商务旅游、中老年保健旅游等；韩国人口40%信仰佛教，因此宗教朝拜旅游也具有一定开发潜力。

商务游客在旅游目的地逗留时间长，且会议计划性强，多在旅游淡季举行，可联合北京各大酒店推出更加适合韩国商务客人，涵盖住宿、会务、餐饮、游览、娱乐等一站式、多样化服务的商务旅游产品，以吸收会员、成立俱乐部的形式培养忠诚度。并且，结合韩国旅游者对运动、登山等活动的热爱，可以专为韩国来京旅游的商务游客设计特色登山和徒步等旅游线路，整合北京周边山地旅游资源。

另外，由于韩国与北京交通距离较短，可开发短线产品与长线产品相结合的旅游产品。推进北京旅游新政的实施，如"72小时落地免签""境外旅客离境退税"等政策；开发3—5天不同主题的旅游线路设计。

针对北京旅游供给市场呈现出的"软件旅游"不足、旅游产品缺乏二次吸引力、旅游产品存在同质化等问题，首先，深度挖掘极具北京特色的旅游资源，如功夫、中医、书法、陶瓷、京剧、昆曲等；其次，与周边地区合作，设计开发旅游新产品，以京津冀旅游一体化为契机进行联合营销。

（三）针对韩国客源市场的北京旅游形象传播措施

1. 传统媒体营销传播

（1）旅游推介

2016年5月，北京旅游发展委员会在首尔四季酒店举办"从心，遇见北京"主题图片展及北京旅游推介会，活动以图片、视频的形式宣传了北京丰富的旅游资源，另外，图片展还展出了"从心，遇见北京"摄影大赛的获奖作品。此次推介会以摄影大赛的形式获得了韩国民众的广泛关注。为了进一步加深韩国游客和旅行商对北京的了解，北京应该开展更具针对性的宣传推介活动。

进一步加强韩国游客对北京重要旅游景点的认知。在对韩国游客对于北京旅游形象感知的分析中发现，韩国游客对于北京的部分景点的认知存在较多的不完整和偏差。以北京故宫为例，由于韩国游客多从书本、中国古装剧、电视等渠道对北京景点有较多了解，样本中韩国游客多数只知道"故宫"的别名"紫禁城"，而对"故宫"或"故宫博物院"名字较为陌生。因而在具体传播过程中应加强对北京旅游景点的正确、全面的宣传，可以通过宣传片、图片展、摄影大赛、明信片等形式进行旅游形象传播。

把握冬奥契机，提前预热北京旅游。2022年冬季奥运会（2022 The winter Olympics in Beijing & Zhangjiakou）将在北京和张家口举办，这是中国历史上第一次举办冬季奥运会，届时将有更多来自世界各地的朋友认识北京、了解北京。借此契机，北京在做旅游推介的过程中应加强对奥运赛事的宣传，可以通过奥运吉祥物形象征集等形式，提前预热，做好冬奥会前期的旅游工作。

加强中韩沟通。韩国旅游相关职能部门在北京多设有办事处，可利用此便利条件与这些机构进行联合，共同举办活动，比如联合韩国文化院共同举办中韩文化交流会等；与韩国国家旅游局、旅游振兴部联合举办旅游资源推介会；与韩国观光公社联合举办中韩旅游风情节；与韩国旅游城市开展国际友城交流活动等。借助韩国官方机构的力量，使北京旅游形象传播更具有强大信服力、广泛影响力。

另外，可组织北京旅游景区、旅行社等前往韩国主要客源城市进行专项旅游促销，向韩国旅行社、媒体推介北京旅游特色。

（2）电影电视传播

2011年播映的中国古装连续剧《步步惊心》在热播之初不仅虏获了大多数中国观众的心，同样也受到大多数韩国人的追捧，在"2012年韩国内人气电影与电视剧"评选中获得韩国内best海外电视剧No.1。2016年韩国翻拍《步步惊心·丽》。可见，电影电视的热播和上映对旅游目的地的传播会带来诸多正面效应，从韩国来京人数图2—5中可以看出，2011/2012年是近5年间韩国来京人次的波峰期。因而，在电影电视传播过程中可较多突出北京景点特色，拍摄宫廷剧等题材、从北京诸多历史文化景点取景的连续剧或电影，并拓宽传播渠道，从而带给韩国游客更多的吸引力。

同时，可与韩国主流电视台开发电视节目，深度介绍北京旅游资源和产品。与首尔电视台联合制作北京旅游的纪录片，覆盖北京旅游的吃喝玩乐等方面，介绍最火的北京攻略。

邀请韩国热门综艺节目《奔跑吧兄弟》《挑战极限》《我们结婚了》《强

心脏》等来京取景拍摄，借助韩国受众对综艺节目的追捧，扩大北京旅游的影响力。

可组建韩国媒体采风团，增强韩媒对北京旅游形象的正面报道。韩国民众大多通过媒体来了解北京，应重视驻京或驻华韩国媒体记者的作用，积极组建媒体采风团，带他们体验北京新的旅游产品和旅游路线。也可组织多家景区、旅行社等前往韩国丽水、首尔、釜山做专项旅游促销，向韩国旅行社、媒体推介北京旅游特色。

（3）文化传播

设计北京旅游资源和景点宣传画册、明信片；整理北京有关的民间传说、民间故事、详细的旅游景点介绍，并翻译成韩文版，以书籍的形式让更多的韩国朋友了解中国。

（4）节庆活动传播

以"从心，遇见北京"为主题举办北京旅游节，展现北京古老与现代融为一体的城市特色。与韩国共同举办相关的节庆文化活动，扩大对北京旅游形象的认知。

2. 新媒体营销传播

（1）社交媒体传播

北京市旅游发展委员会可在 Facebook（脸书）、Twitter（推特）、Linkedin（领英）、Pinterest 等 SNS（社交网络服务）、BBS（电子公告牌系统）海外社交媒体上建立官方主页，并以"美丽北京"为主题从景点、风土物产、民俗、都市休闲、会议商务等方面进行积极的宣传，以图文、小视频、微电影等形式展现北京的独特魅力，发布旅游促销信息并发起系列有奖活动，吸引潜在用户的关注，并刺激其参与热情。可在 Line（连我）、Kakaotalk、Instagram（照片墙）等社交软件上进行相应的软文推送，进行旅游推荐、旅游攻略、旅游提示、旅游促销等信息服务。也可充分调动在京韩国留学生参与北京旅游形象传播，通过定期举办韩国留学生交流活动，进行北京旅游文化的宣传，鼓励他们在网络上、社交媒体上发布北京旅游的积极信息。

（2）通过新媒体增进与游客的互动

以"从心，遇见北京"为主题，游客可在北京官方的社交媒体上分享北京旅途的见闻、北京美丽瞬间，根据分享量、点赞量等可享受免门票或是参与景点体验项目，发挥口碑效应。

（3）通过搜索引擎抢占信息

搜索引擎是旅游者获取旅游信息、制定旅游计划的重要渠道。韩国主要搜索引擎为 Naver，投放"美丽北京""北京旅游"等相关关键词，引向旅游产品预订界面。

（4）通过旅游垂直门户提供服务

在 Booking（缤客）、Tripadvisor（猫途鹰）、xe、Expedia（亿客行）、Hotels（好订网）、Agoda（安可达）、Priceline 等最受旅游者关注的网站上进行一定的宣传，将北京旅游置于搜索页面首页，加大渠道引流，完善相关旅游产品预订版块。

（5）网络直播平台互动营销传播

近年来，网络直播平台的持续火爆，既是热点也是商机，借助全球对直播平台的关注，可开展北京旅游直播活动，形式可多样。如：挑选旅游达人，在前期以直播北京美食、文化等方式在韩国 Skylife 等直播平台上吸引韩国旅游者，后期以北京旅游直播互动、北京美食直播互动等形式，吸引更多韩国受众的关注；邀请平台粉丝较多的直播达人赴北京旅游，并全程直播；举行北京旅游创意直播赢粉丝大赛，参赛者最初的粉丝量不能高于某个限定值，以直播形式来北京旅游，并通过任意创意直播或制造话题等吸粉，最后以粉丝量为标准进行评比。

（6）开发北京自助游 APP，并在韩国各大社交媒体推广下载

App 内包含北京旅游景点、交通、饮食、购物、住宿、旅游咨询、旅游预订、地图、天气等完善、全面的旅游服务，提高韩国受众对北京旅游认识的同时，为游客提供了极大的便利。

（7）VR 技术 + 旅游

3D 扫描成像、虚拟展示技术及 VR 设备的兴起，以及 VR 技术（虚拟现实技术）在旅游方面的应用留下了诸多想象和发挥空间。例如，VR+地图对现实世界的数字呈现，将营造一个新的真实世界。鉴于此，可开发北京景区旅游 VR 地图，以景区旅游 VR 地图 APP 等形式实现，根据 VR 的技术优势，游客在景区中可全方位、真实、立体地跟着手机一起游览旅游景点，也可在空中俯瞰景区美景，让游客在置身于北京偌大景区的同时，能够清楚地知道自己在哪里，并迅速找到最想参观的景点，为游客提供最方便的体验和最难忘的回忆。

第三节 北京国际旅游形象感知分析及传播方案设计——基于美国客源市场

刘梅 刘文婧 王晓艳 左莉华[①]

一、引言

美国是北京第一大客源国，市场比重大。北京市旅游发展委员会2011—2015年的北京接待外国（过夜）游客数据统计显示，美国是北京入境旅游的第一大客源国，其接待人数远远超过其他国家。2011—2015年平均年接待美国游客73.93万人次，第二大客源国韩国的年平均接待量为43.11万人次，年平均接待美国游客人次数约为第二大客源国韩国的1.7倍。且5年来美国游客在北京接待外国游客人数中占有相当大的比例，2011年到2015年的比例分别为17.64%、17.29%、19.27%、19.50%和19.41%，可见美国不仅是北京的第一大客源国，且所占比重也是非常大的。

表2-11 2011—2015年美国游客在外国来京游客人数中所占比重

年份	来京外国游客（万人次）	美国游客（万人次）	美国游客在来京外国游客人数中的占比（%）	美国游客在来京外国客源国排名
2011	447.4	78.9	17.64	1
2012	434.4	75.1	17.29	1
2013	387.6	74.7	19.27	1
2014	365.5	71.5	19.50	1
2015	357.6	69.4	19.41	1

---

① 刘梅、刘文婧、王晓艳、左莉华，东北财经大学旅游与酒店管理学院。

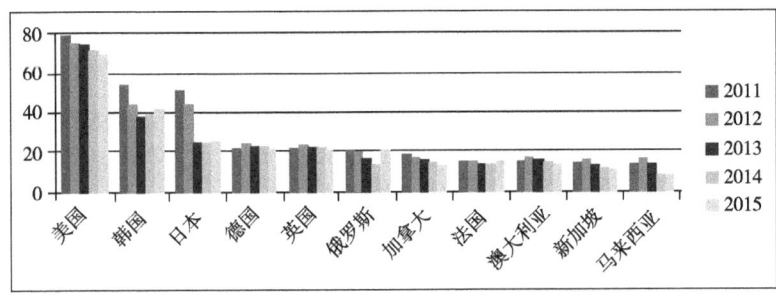

图 2-15　2011—2015 年北京市各客源国游客数量

二、传播形象定位

(一) 形象分析

1. 目的地传播形象分析

(1) 规划形象分析

2005 年基于对北京的地方性和旅游者认知的分析,北京市旅游发展总体规划得出北京城市形象与以下因素密切相关:有 3000 年悠久历史的古都,东方文明的精华所在,日益开放和进步的现代化国际城市,幅员广大、人口众多的国家的首都。在外国游客眼里,北京的古老文明最为突出,且中国的形象与北京的形象往往可以互相替换。在国内游客眼里,北京的首都感最为突出,是全国政治、商务、文化等各项活动的中心,现代化建设日新月异。

基于此,将北京市的旅游形象定位为:

Oriental Capital & Great Wall (东方古都 长城故乡)

为了完成北京这一旅游形象传播的目标,北京市旅游发展委员会在不同的 5 年规划时期内制定了不同的旅游发展目标。

表 2-12　北京旅游发展目标

5 年旅游规划时期	北京旅游发展总目标
"十五"	将北京建设成为具有东方特色的一流国际旅游城市和具有首都风貌的国内首位旅游中心城市。巩固和完善首都形象——中国首都、东方古都、现代新都,把北京建设成为全国旅游首善之区,成为国内外旅游者的首选之地。

续表

5年旅游规划时期	北京旅游发展总目标
"十一五"	保持北京旅游在全国的领先地位，把北京建设成为全国旅游首善之区、国内外旅游者首选之地、国际一流旅游名城。
"十二五"	围绕建设中国特色世界城市的目标要求，将北京建设成为我国入境旅游者首选目的地、亚洲商务会展旅游之都、国际一流旅游城市。
"十三五"	落实首都城市战略定位，加快建设国际一流和谐宜居之都。通过深化改革发展，创新体制机制，扩大对外开放，提高服务品质，释放消费潜力，提升北京旅游的核心竞争力、独特吸引力、辐射带动力和国际影响力。努力把旅游业培育成为战略性支柱产业和人民群众更加满意的现代服务业，为建设国际一流和谐宜居之都提供有力支撑。

(2) 宣传视频分析

2009年北京旅游官方宣传片：传播内容丰富、全面，综合性大都市形象突出。2009年的北京旅游宣传片时长较长，采用背景音乐多次转化的方式分别向游客展示了不同的北京形象，以古代文化（故宫、长城、天坛、天安门、毛主席纪念堂、京剧、熊猫、杂技）、宜居和生态（胡同及其生活场景、外国游客与传统生活的互动、798艺术区、北京大学、清华大学）、经济发展（工业、购物）和社会和谐（游客与当地居民的和平共处）5个维度来全方位展示北京多元化形象，其中涉及的内容元素丰富、全面。从整体上，北京是一个综合性大都市，涵盖内容丰富多样，呈现热情好客，一片和谐、静谧的旅游目的地的形象。

2013年北京旅游官方宣传片：古典与现代两分法，情感诉求表达突出。2013年官方旅游宣传片采用人物叙说的方式，带领游客去领略北京风采，将北京划分为胡同内和胡同外，分别用古典和现代两种视角去发现更多未知的北京。2013年北京旅游宣传片并未局限于特定的旅游景点和元素的罗列，而是努力表现北京的多元化与无限性，希望游客能够探索出更多的北京可能性。其中涉及的要素主要有：胡同内：老北京生活、三轮车、茶等；胡同外：既古典又现代，长城、紫禁城、天坛、故宫、红螺寺、美食（烤鸭、火锅……）、京剧、摩天大楼等。从整体上可以看出北京元素丰富，环境优美，呈现出一片祥和的状况。

总体来看，尽管在表现北京形象方面，两个宣传视频采用的表现手法不尽相同，但是对于北京旅游形象的传播都旨在表现北京形象的多元化，希望能够全面、多方位地展现北京形象。

（3）宣传网站分析

对北京市官网、北京市旅游发展委员会官网、蚂蜂窝、Tripadviser（猫途鹰）、Expedia（亿客行）共5个网站进行北京旅游信息搜索，相关信息整理如下：

表2-13 宣传网站传播内容分析

宣传网站	形象传播要素	语言类型	总体形象
北京市官网	历史名城：故宫、长城、周口店猿人遗址和天坛、颐和园； 民俗非遗："燕京八绝"； 曲艺国粹：京剧； 老工艺：鼻烟壶等。	中文	北京市是中国的政治中心、文化中心，是世界著名古都和现代化国际城市。
北京市旅游发展委员会官网	古建筑类：天坛、故宫博物院、长城、颐和园、恭王府； 美食：烤鸭； 现代元素类：酒吧、咖啡馆、购物街； 民俗类：四合院、老字号、地方产品（旗袍、紫砂壶、玉石等）。	英文	历史性：有3000多年的历史，繁荣发展，7000多年前人类的起源地； 现代性：历经多年的发展，成为现代化的大都市。
蚂蜂窝	皇家建筑：故宫、天坛、景山、北海； 新老文化交替：南锣鼓巷、什刹海、前门大街； 老北京生活：胡同儿； 现代化：奥运会举办地。	中文	多元化特色； 古代建筑集群； 人文特色：北京当地人友好、热情； 消费水平较高； 现代化气息浓厚。
Tripadviser（猫途鹰）	古代建筑遗址类； 现代建筑类； 购物：秀水市场； 美食：烤鸭； 需注意：正规窗口买票；小费问题；空气质量问题；商家诚信问题。	英文	历史悠久，古代文化与现代性兼具的城市。

续表

宣传网站	形象传播要素	语言类型	总体形象
Expedia（亿客行）	景点：景山公园、天安门广场（中国国家博物馆、毛主席纪念堂）、颐和园、奥林匹克公园、王府井； 各类美食：烤鸭、面条、米饭等； 交通：公共交通系统很好，但私家车很多，可能会拥堵； 夜生活：酒吧、夜总会。	英文	传统文化的华丽与现代城市的活力结合在一起，是中国社会与文化的中心。

上述网站传达的北京旅游形象是古典与现代相结合，呈现多元化状态。通过以上整理和分析可以看出，北京旅游的国际形象主要通过古代建筑类景观、历史文化、民俗文化、现代活动、美食等要素来展现，缺少在公共设施、人文环境、保障措施等方面要素的展示。整体形象主要表现为古代文化与现代活力的结合，呈现非单一性、多元化的形象特点，但对历史文化的关注度高于现代性，更着重强调历史文化的特色。

(4) 总结分析

视频、网站宣传内容多元化。综合以上3种渠道的形象传播来看，北京旅游形象的视频传播和网站传播内容基本一致，包含3个方面，主要有：

①古典要素：3000年历史文化、古代皇家建筑等；

②现代要素：现代化设施建筑、现代娱乐活动等；

③民俗要素：胡同生活、京剧、老工艺等。

北京市旅游发展总体规划形象定位以古典要素为主。规划文本中关于北京旅游形象构建的内容主要为古典要素和现代要素，且在形象定位上侧重于古典要素，如"东方古都 长城故乡"，而在目标设置中侧重于打造现代化国际大都市。

2. 市场感知形象分析

(1) 分析方法

博客内容分析。

(2) 数据来源

https://www.travelblog.org/

(3) 分析过程

旅游目的地形象的感知是游客对旅游场所的"认识、信念和印象"的综合体①。学者们的研究侧重点不同，对旅游目的地形象给出了不同的定义。可以分为两类：重点从微观角度探讨具体的旅游产品和服务，评价各种服务项目，如住宿、餐饮、交通、购物、娱乐、导游服务、邮电通信等②；从宏观视角对旅游产品以及整个旅游目的地城市或地区给出整体评价，比如：罗宁根把旅游目的地形象划分为 5 个维度，即：文化、现代城市、自然、经济发展和针对游客的具体服务③。本次研究采用的是宏观的视角，即整合研究游客对旅游目的地城市和具体旅游服务的体验。

表 2-14　游客感知维度划分表

5 个维度	子维度	举　例
文化繁荣	古代文化	如：故宫、长城、颐和园等
	民俗文化	如：胡同生活、老舍茶馆等
	政治文化	如：天安门、毛主席纪念堂等
宜居和生态	天　气	如：干燥程度、空气污染等
	自然风景	如：山、水、花、木等
	交　通	如：公交、地铁等
	食　物	如：餐馆和小吃的烹饪、地方特色北京烤鸭等
现代化大都市	现代建筑	如：奥体中心、鸟巢、水立方等
	公共设施	如：公园、公共标识等
	娱乐活动	如：酒吧、美容院、足疗按摩店等
	住宿设施	如：酒店、青年旅舍等
社会和谐	旅游从业者	如：导游、司机、服务员等
	游客群体	如：动物园的游客等
	弱势群体	如：街头的乞丐

---

① Kotler P., Haider D., Rein I. Marketing Places: AttractingInvestment, Industry, and Tourism to Cities,States and Nations[M]. New York, NY: The Free Press,1993.
② 白凯，马耀峰，李天顺. 旅游目的地游客体验质量评价性研究——以北京入境游客为例[J]. 北京社会科学，2006（5）：54-57.
③ Rønninge M. Norges-Image Blant Utenlandske Turister—En Første Presentasjon av Image-Dimen-sjonene og Analyser[R]. The 7th Nordiske Forskersy mposiom iTurisme. Are 3-6th. Desember, 1998.

续表

5个维度	子维度	举 例
经济发展	工业发展	如：汽车工业等
	购 物	如：西单购物中心、商店和摊位、王府井等

维度一"文化繁荣"。笔者发现，在搜集的所有语料中，绝大多数美国游客对北京的古代文化印象深刻，并给予了正面的、积极的评价。其中在85篇美国旅游者博客中有60篇都对北京古代文化给予了高度赞扬（详见表2–15）。由此看来，丰富的古代文化是吸引美国游客来北京观光的一个重要原因。这些博客大多表达了对长城、天坛、故宫、颐和园、紫禁城等著名历史景点的高度赞赏和钦佩之情。例如以下两篇中，例1表达了美国游客对于长城这一伟大杰作能在数千年前完成的赞叹，例2表现出了对于紫禁城非去不可的喜爱。

例1：Chinese people were able to accomplish thousands of years ago, while we were still living in shit/mud houses in the west.

例2：The Forbidden City was impressive because of its size and function, It is a world heritage site must go when visiting Beijing.

关于民俗文化方面，美国游客也表现出了浓厚的兴趣以及较高的满意度，共有32篇博客叙述了对北京民俗文化的喜爱。这些博客的内容集中表现在胡同、功夫、茶艺以及京剧等上。主要是因中美遥远的地理距离产生的对陌生和特别文化的好奇与窥探心理。例3提到了对北京胡同建筑外观时尚感的赞扬，例4则表现出了美国游客对于功夫茶的喜爱。

例3：we headed out to Old Beijing (Hutong). looked like something out of a movie set. All the small houses (looked like they were made for tiny people) were side by side and were very old fashioned looking.

例4：Our last adventure on the third day in Beijing was watching a Kung Fu show. It was very lively and exhilarating.

关于与中国的政治文化相关的政治景点和场所，相较于前两者而言，对其关注度有所降低。其中有22篇博客给予了积极评价，认为天安门、毛主席纪念堂等景点规模宏大，给人印象深刻；但也有一些美国游客对中国的政治文化作出了负面评价，认为天安门广场仅是一个规模较大的广场，无特色。例如，例5指出了天安门广场是世界上最大的广场，例6博客中提到不想参观已经去世的人。

例 5：Tian'anmen is the largest public square in the world——it is huge and was built in the early 15th century and used for over 500 years by 24 emperors through 2 dynasties.

例 6：Tian, anmen Square. The crowds, while there, weren't as bad as I thought they'd be. There was a long line wrapping around Chairman Mao's Mausoleum but none of us were wanting to see a dead man, we were good.

表 2-15 美国游客关于"文化繁荣"的体验评价

评价项目	游客体验评价			
	没有提及	负面评价	正面评价	正负兼有
古代文化（如故宫、长城、颐和园等）	18	0	60	7
民俗文化（如胡同生活、品茶等）	49	1	32	3
政治文化（如：天安门广场、毛主席纪念堂等）	51	6	22	0

维度二"宜居和生态"。美国游客在 Travelblog（旅游博客）上提及北京的天气状况的博客有 36 篇，其中正面评价有 8 篇，负面评价 26 篇，正负兼有的评价 2 篇（详见表 2-16），可见美国游客对北京天气的负面评价是比较多的，如例 7、例 8 中就讨论到了北京的空气污染问题。

例 7：In the evening you think you've had a good wash but when you wipe your face, on the pristine white towel, the towel ends is black!

例 8：People told me that in Beijing, you can't see the sky. I thought……yeah right, surely you just look up and there it is. You know if its cloudy, you know if its sunny. But you can't, seriously you can't see more than about half a km in any direction and that includes up.

关于北京的自然，大多数游客没有提及，仅有 19 位游客在博客中有所提到。凡是提到北京自然风景的大多是正面评价，所占比例为 18/19，可见美国游客对北京的自然环境还是相当满意的，例如例 9、例 10 就是对北京的自然环境进行称赞的。但是其称赞也仅是针对某一景点的环境，很少单纯是就北京的自然环境而言的，从而也可以看出北京的自然环境并非是北京旅游主要的吸引物。

例 9：It was canopy of trees and walkways and very green.

例 10：The site was huge with the palace atop of the north hill and the lake filled with small paddle boats below.

关于北京的交通，美国游客涉及这方面的负面评价还是相对比较多的，在所涉及的 35 篇博客中，负面评价 17 篇，而正面评价为 13 篇，正负评价兼有的占 5 篇。可见美国游客对于北京的交通满意度并不是很高，如例 11 中的美国游客就认为北京的交通太拥堵了，例 12 中的游客则讲述自己遇到了交通事故。

例 11：I found the subway stations in Beijing to be pretty far apart from each other, and we wanted to avoid trying to figure out the bus system so we did lots of walkiing.

例 12：At 9am we were supposed to be collected but Richard and Cheng were a bit late. This was because there was a road traffic accident.

关于北京的食物，美国游客提及的很多，可以说是在"宜居和生态"这一维度中评价最多的一项。在 85 篇博客中，有将近 2/3 的游客给予了相关评价，且有近 6/7 的游客给予了正面评价，可见北京的饮食对美国的游客极具吸引力，且游客们也对北京的饮食表达了欣赏之情。如例 13、例 14 这些游客称赞北京的食物富有本土特色，味道很好，他们表示很满意。这主要是因为中西方饮食文化的差异比较大，中国饮食对西方游客极具吸引力。

例 13：I had an awesome breakfast at the Sun World Hotel. It is a buffet with many meat, rice, noodle and vegetable dishes. There are even strange little white round stuffed breads. Then there is the regular American fare which is excellent.

例 14：Slightly embarrassed to be seen as queue jumpers we soon realised that all the local people were very happy that we were eating with them……It was a lovely experience and the food was very tasty as well!

表 2-16　美国游客关于"宜居和生态"的体验评价

评价项目	游客体验评价			
	没有提及	负面评价	正面评价	正负兼有
天气	49	26	8	2
自然风景	66	1	18	0
交通	50	17	13	5
食物	31	1	46	7

维度三"现代化大都市"。根据表 2-17 中的数据可以看出，在我们搜集的 85 篇博客中，有 27 篇博客给予现代建筑正面评价，其余博客都没有提及。由此可见，还是有很多的美国游客对北京的现代建筑给予肯定。这 27 篇博客中都提到了北京现代化建设发展迅速，设计新颖。在例 15 和例 16 中游客称赞奥运场馆并表示鸟巢很酷、很漂亮，水立方的设计与众不同，通过对北京的现代化建筑进行参观表示不虚此行。

例 15：Olympic Stadium was so cool – there was a big park surrounding it which was really nice.

例 16：The Birds Nest is a beautiful statement to modern architecture. I didn't need to go in it to feel the power that it holds. The modern swimming cube was crazy and I have to say, I am very glad that China took the risk with those modern stadiums. the Chinese stadiums were beautiful. A true statement to modern architecture.

对北京的公共设施方面，一些游客给予了正面评价，比如赞扬了公园为人们提供了很好的休闲场所，丰富了人们的生活。但仍有些不足之处，比如在一些旅游景区及公路缺乏英语标识，导致游客迷路（例 17）；一些旅游景点缺乏公共休息区域等（例 18）。

例 17：Busy with sightseers, it's not really a great place to spend a lot of time as there is no shade or seating.

例 18：We decided not to give it a try as we really didn't know where we were nor was there any signage（引导标识）in English to help us.

关于北京的娱乐设施，提及这方面的仅有一小部分人。在这一小部分人的评价中有正面评价，也有部分负面评价。他们表示酒吧、按摩店等休闲场所环境很好，并且使他们的旅途更加丰富。如例 19 中表示中国的理发价格合理，环境舒适，而对于酒吧的评价则稍显不满，他们认为酒吧的酒较贵。

例 19：John decided he needed a haircut so we went to a salon. we were satisfied to sit back and watch the proceedings. The salon consists of many barber chairs just like home. The master beautician finished the person he was working on and came over. The cut itself was rather anti-climatic and he got it all for only seven dollars.

例 20：We stop off for a wee cocktail in a small but cool looking bar.It's expensive at nearly 100 RMB for 2 drinks (at a tenner you've got to admit that's quite expensive even in pounds), but we feel we've deserved it.

在北京的酒店住宿方面，在我们寻找的 85 篇游记中仅有 12 篇提及酒店住宿，而在这 12 篇中大部分对于酒店的评价都是正面的。例 21 中表示虽然青年旅社的价格相对较贵，但却是他住过的最好的青旅。在例 22 中也指出虽然酒店价格较贵，但是酒店环境及地理位置较好，对酒店评价较高。

例 21：Chinese Box Hostel was the perfect place to stay in Beijing. While yes, the price is a little higher than some backpackers are wanting to pay, it is, by far, the best hostel I have ever stayed at.

例 22：The hotel looks quite opulent and I'm glad we paid the extra money to get a nice hotel in a good area instead of just a cheap b & b in the middle of nowhere (memories of Chung King Mansion in Hong King will forever serve as a reminder). Our room has lovely views across the city, and it's located right next to the main shopping street (Wangfujing Street) too.

表 2-17　美国游客关于"现代化大都市"的体验评价

评价项目	游客体验评价			
	没有提及	负面评价	正面评价	正负兼有
现代建筑	58	0	27	0
公共设施	52	9	20	4
娱乐活动	66	3	14	2
住宿设施	69	2	10	4

维度四"社会和谐"。在社会和谐方面，美国游客的正面评价较多，其中，关于旅游从业人员的正面评价最多，约占参与评价人数的 66.7%；对游客群体及社会弱势群体的评价以负面评价为主，分别占评价总人数的 57.7% 和 100%。

关于旅游从业人员的评价，许多美国游客对导游感到十分满意，认为导游能够保证他们的安全，当团队中有游客的行李丢失时，导游非常担心，并且很快速地解决了问题，为游客保证了财务上的安全。也有游客指出在住酒店时服务人员的服务令他们很满意。

例 23：There was one lady whose carry-on was missing. When Arnold, who was inside, heard this, I swear he turned white. He was proud of his record of never having lost a tourist or their luggage, and he rushed outside. The problem was quickly resolved as another traveler in our group had mistakenly taken the wrong bag.

例 24：Joe, the manager, is hilarious and keeps a large stock of beer and rice whiskey around for the long family dinners the hostel will host a couple nights a week. The rest of the staff with book you kung-fu shows, Great Wall tours, and, if you ask nicely, they will even take you to the markets.

对从业人员的负面评价主要是来自对司机服务态度恶劣、出租车司机漫天要价以及一些旅游巴士上的售票人员的高价售票等不诚信行为的描述。如在例 25 中有游客遇到同车的游客扭伤了脚，并且对别人给她使用的药物过敏，情况紧急，但司机将伤者放到了出租车停靠点，并没有送去医院，博主对此类行为非常生气。

例 25：One girl sprained her ankle on the way down, unfortunately. She is one of the few undergrads on the trip, and is only 19. Someone on the bus gave her Aleve to help with the pain and swelling, but she immediately had an allergic reaction to it. Her face started swelling and her nose completely closed up. Instead of taking her to the hospital, the bus pulled over at a taxi stand, and her friend (also 19) went with her to the hospital. We were all furious with this – the bus should have dropped her off at the hospital.

关于在旅游过程中与游客群体的交往评价，部分美国游客认为同行的游客比较冷漠，不会热心、主动地为其提供帮助（例 26）。并且大部分中国游客都不会讲英语，存在语言障碍等。而另外一些评价较好，则是认为同行的旅游者非常友好，互相之间可以分享有趣的旅游经历，甚至可以相约下一个旅游目的地（例 27）。

例 26：Ask a lot of questions, because people won't willingly give up information or make suggestions.

例 27：My classmates are all incredibly friendly, and we all share a passion for traveling. It's been fun sharing experiences of places we've been, places we want to go, and where we will go together on this trip.

对于社会弱势群体很少有博客描写和评价，唯一提到的两篇是对行乞者的贪婪和自私感到不舒服。在例 28 中博主提到街上的行乞者虽然可怜，但在获得施舍后自己一个人独自享用，并没有与身边残疾的丈夫分享。

例 28：As we are happily munching away on our snacks, a blind tramp being led by his tramp wife (i'm really not making this up) come up to us asking for money. Instead of giving them money, I instead offer themone of my dim sum which the wife greedily takes from me. With a sneaky glance at her blind husband, she scoffs the lot without offering him a bite, and he's non the wiser!

表 2-18　美国游客关于"社会和谐"的体验评价

评价项目	游客体验评价			
	没有提及	负面评价	正面评价	正负兼有
旅游从业人员 （如导游、司机、服务人员、售票人员等）	55	8	20	2
游客群体 （如同团或同车的游客、旅途认识的游客等）	59	15	9	2
社会弱势群体 （如街头的乞丐等）	83	2	0	0

维度五"经济发展"。在"经济发展"这个维度中，通过统计发现关于工业发展在博客中很少提到，购物提到的次数较多，主要是纪念品、饮食、住宿等的购买。

关于工业发展方面，有个别游客指出北京的现代化程度很高，比较发达，但导致物价比较高，即便是一些小餐馆，东西也很贵，更不用说北京烤鸭之类的大店（例 29）。但也有博主认为北京也像世界上其他大城市一样存在汽车多、交通拥堵、污染重的问题（例 30）。

例 29：The economy is booming and the locals are spending money —— a lot of money. Food in restaurants is as expensive as in America - even small local restaurants are costing a minimum of AUD $20 for a couple of rice based meals. Coffee shops are everywhere and all have wifi and reasonable cappuccino.

例 30: Beijing is a huge city of 20 million people. With 5 million cars, it has a very bad case of the disease that we've seen in some other major cities of the world: traffic near-gridlock.

关于购物，很多游客在自己的博客中提到了购买纪念品，大部分游客认为纪念品不贵，值得购买。很多美国游客去了外国人常去的红桥珍珠市场，那里东西种类十分齐全，虽然有赝品，存在质量问题，但还是值得购买的（例 31）。尤其，在购买一些中国特色产品如中国茶叶、瓷器、丝绸等东西时，游客不会觉得很贵，往往愿意购买（例 32）。

例 31: The next day, I went shopping for souvenirs at the Pearl Market and haggled over price. I got a Bluetooth speaker for $5, which I've already gotten my money out of just using it here. If it breaks tomorrow, I'll be ok with that.

例 32: On the trip back to Beijing, we stop at a cloisonné shop……we are given the opportunity to contribute to China's growing economy. The workmanship on the pieces is incredible and the prices are not outrageous, and we are seduced into making some small purchases.

表 2-19 美国游客关于"经济发展"的体验评价

评价项目	游客体验评价			
	没有提及	负面评价	正面评价	正负兼有
工业发展	79	2	3	1
购　　物	53	4	18	10

（4）小结

根据对 85 篇博客文本的分析，我们设计出维度关注度公式：维度关注度 = 评价总数 /（博客总数 × 子维度个数），得出博客维度关注度表格以及美国游客对北京旅游形象感知特点：

a. 文化繁荣感知突出；

b. 经济发展感知微弱；

c. 基础服务感知消极。

表 2-20 博客维度关注度分析

维度	子维度	子维度个数（个）	评价总数（篇）	维度关注度
文化繁荣	古代文化	3	137	53.73%
	民俗文化			
	政治文化			
宜居和生态	天气	4	144	42.35%
	自然风景			
	交通			
	食物			
现代化大都市	现代建筑	4	95	27.94%
	公共设施			
	娱乐活动			
	住宿			
社会和谐	旅游从业者	3	58	22.75%
	游客群体			
	弱势群体			
经济发展	工业发展	2	38	22.35%
	购物			

（二）形象定位

1. 形象定位

本方案从空间角度考量，从三个层次来解读北京形象：北京的北京、中国的北京、东方的北京，从这三个空间层面对北京的整体形象进行分析。北京不仅是北京自身这个城市，它还是国家的首都，是国家形象和国家文化对国外集中展示的窗口，从而也是亚洲东方文明的典型代表。因此，考虑到以上三个层面，通过分析，结合北京整体形象定位"东方古都　长城故乡"，我们将北京针对美国客源市场的旅游形象定位为：

东方古都　趣味之城 Oriental Capital & Fun City

2. 原因分析

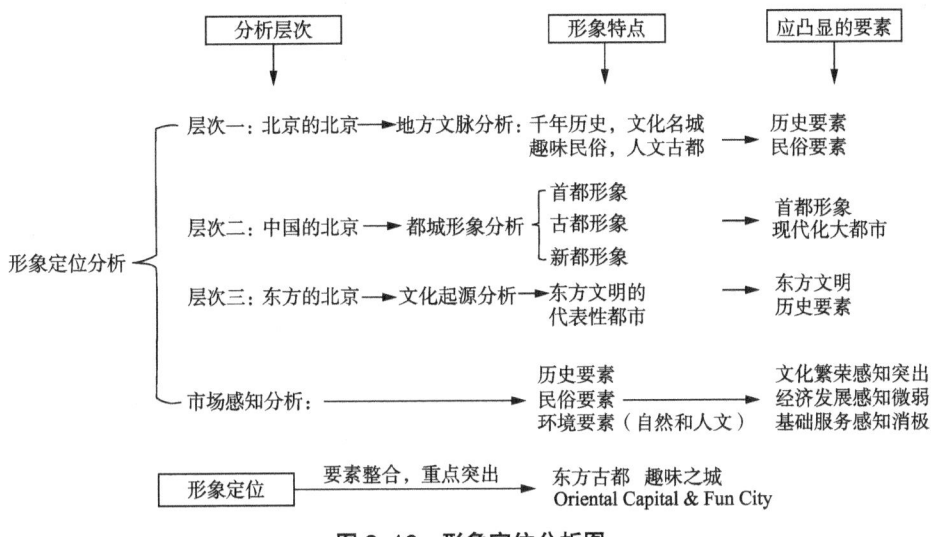

图 2-16 形象定位分析图

结合图 2-16，现对形象定位的原因作如下分析：

(1) 三个层次的分析

层次一：地方文脉分析：北京的北京

基于对北京地方文脉的分析，北京具有"千年历史，文化名城；趣味民俗，人文古都"的形象特点。

千年历史，文化名城。北京有着绵长悠久的历史脉络，秦汉以来，北京地区一直是中国北方的重镇，名称先后称为蓟城、燕都、燕京、大都、北平、顺天府等。它是一座有 3000 余年建城史、1000 余年建都史的历史文化名城，历史上有辽、金、元、明、清、中华民国（北洋政府时期)6 个朝代在此定都，以及数个政权建政于此，荟萃了自元明清以来的中华文化，拥有众多历史古迹和名胜景观。

趣味民俗，人文古都。北京民俗特色显著，丰富多样，保留完整，这与北京长达 3000 多年的建城史与 1000 多年的建都史息息相关。数千年来各民族特有的文化在此相互渗透交融，形成了它特有的风俗，老北京的"过年""吆喝""胡同儿""四合院""京剧戏园"等名词蕴含的活动形式与意义，形成了我们今天引以为豪的"京味儿"。老北京的风俗具有浓郁的地方性,体现着典型的民族传统观念,是中华民族文化的重要组成部分。

层次二:都城形象分析:中国的北京

首都形象。北京是中国的历朝都城,自公元938年以来,北京先后成为辽陪都、金中都、元大都、明清国都,1949年10月1日成为中华人民共和国首都。北京是世界上拥有世界文化遗产数量最多的城市,同时也是中国拥有世界文化遗产最多的一个城市,其拥有的丰富的旅游资源,包含文物、古建筑及民俗文化资源等。它之所以拥有那么多的世界遗产,这与其作为历朝首都有很大关系。作为中国的首都,它是全国的政治中心、文化中心、国际交往中心、科技创新中心。其中心地位,便于汇聚更多的人才和资源,从而更有利于该城市政治、经济、文化和社会的发展。作为中国的首都,它是国家的一张名片,代表着国家的形象。因此对于北京国际形象的定位,要凸显出其首都的气质。

古都形象。北京是中国的首批国家历史文化名城、中国四大古都之一。北京拥有3060年的建城史,公元前1045年,北京成为蓟、燕等诸侯国的都城,公元938年以来,北京先后成为辽陪都、金中都、元大都、明清国都。其历史悠久,文化灿烂。四大古都的其他三个古都洛阳、开封和西安,这几个城市的文物很多都是埋在地下,地上看到的还是比较少。而北京保留下来了很多文物,是中国拥有世界文化遗产最多的一个城市。所以北京给人的感觉首先是一个古都,因此可以说北京是中国的古都。

新都形象。北京是中国五大国家中心城市之一,全国第二大城市及政治、交通和文化中心。2001年,北京现代化综合指数在31个省、市、自治区中名列第一,2015年北京全面实现现代化。截止到2010年北京实现了经济现代化、社会现代化和城市建设的现代化。从2008年开始,北京又多了一处新的城市代表建筑——鸟巢和水立方,它们体现了中国建筑的现代化风格。北京作为中国的首都,是政治和文化中心,科技水平比较发达,还是商务和会议中心,其交通、通信等基础设施比较系统、完善,服务质量较高,其在中国可以称得上是一座现代化新都。

层次三:文化起源分析:东方的北京

东方文明的典型代表。关于东方与西方的划分一般有两种标准,即分别基于地理和文化两种角度。这里所指的东方和西方是基于文化的角度进行的划分，在亚洲发源的文明我们都可以称之为东方文明，欧洲发源的以及后来在殖民时代被纳入殖民体系的国家（美洲）就可以称之为西方文明。

中国处于亚洲东部，具有5000年的文明史，作为世界四大文明古国之一，中华文明传承时间最为悠久，是东方文明的代表。北京作为中国的首都和历史文化名城，历史悠久，文化丰富多样，且完整保留了诸多古建筑和遗址遗迹等，北京是中国的一张名片，是东方文明呈现的一个典型载体。

表2-21 四大文明古国发展史

国家	巴比伦	古埃及	印度	中国
发源地	幼发拉底河、底格里斯河流域	尼罗河流域	印度河、恒河流域	黄河、长江流域
文明产生时间	约公元前4000年	约公元前3100年	约公元前2500年	约公元前3000年
灭亡时间	公元前539年	公元前30年	—	—
历史	约3500年	约3000年	至今约4500年	至今约5000年
灭亡它的国家	波斯帝国	罗马帝国	—	—
社会制度	奴隶制	奴隶制	奴隶制（现在是议会制）	奴隶制（从秦朝起，至清朝为封建社会；现在是社会主义社会）

（2）北京旅游形象感知分析

北京旅游形象感知分析即对美国游客在京旅游博客内容的分析。分析得出美国游客对北京旅游形象总体感知为"文化古城、民俗趣城、堵城、毒都"，主要体现在美国游客对以下三个维度的感知上：

文化繁荣感知突出。根据表2-15可知，美国游客对北京"文化繁荣"这一维度的关注度最高，达53.73%。具体来看，美国游客对该维度下的"古代文化"这一子维度关注度最高，并在博客中给予了高度评价；其次是民俗文化，游客基本均给予好评。

经济发展感知微弱。美国游客在其博客中很少谈及北京经济的发展，对其关注度不高，约为22.35%。美国游客对体现北京经济发展水平的事项，诸如工业化程度等的描述很少，这一特征与美国自身经济发展较好有很大的关系。

基础服务感知消极。通过对美国游客对北京国际旅游形象的感知的分析，可以发现在天气、交通、游客群体以及旅游从业人员等子维度方面（如表2-17、表2-18），美国游客也较为关心，关注度较高，但除旅游从业人员外，其他几个体现北京基础设施环境和人员素质的维度，游客感知及评价多为负面。

针对以上美国游客感知北京旅游形象的特点，北京旅游形象定位应强化浓郁的城市文化趣味，改善基础服务。首先，应突出北京古代文化、民俗文化的趣味性，以此作为吸引美国客源的基本立足点；其次，应该传递出北京作为一个现代化大都市的形象，将其日益完善的服务设施体系和细致的旅游服务环境展现给受众，减小受众对其基础服务感知消极的缺陷。

三、传播方案设计

基于前文所分析出来的针对美国客源市场的北京旅游形象定位：东方古都 趣味之城，现针对性地提出对美国市场的北京旅游形象传播方案设计，主要从认识北京、感受北京、进入北京三个层面进行设计，层层递进，深入客源市场。

表2-22　北京旅游形象传播设计思路

传播层次	传播形象	传播思路	传播方式
北京的北京	资源特色	对这一层次的传播，要突出北京的特色，例如北京烤鸭、老北京冰糖葫芦等美食，胡同、四合院等建筑，长城、故宫等世界之最……充分挖掘这座城市的趣味。在传播方式上适合用一些比较温和、舒缓的方式，这一点可以借鉴北京2013年宣传视频和香港的《我在香港之时》的宣传视频，以一种讲述故事的形式，让人慢品京味儿。	生活场景传播，"北京故事"系列宣传视频（探索·发现）；我看北京、我听北京、我讲北京、我唱北京、我尝北京； ……

续表

传播层次	传播形象	传播思路	传播方式
中国的北京	都城形象——首都、古都和新都	对这一层次的传播，在内容上要重点突出北京在中国政治、文化和社会三方面的中心地位，采用横向和纵向相结合的方式对其形象进行传播，横向展现出北京传统与现代的多元化形象，纵向传达出北京的发展与变化；在传播方式上应该采用一些比较官方正式或规模比较宏大的方式进行传播。	活动：在美旅游形象大使评选活动；美国体育赛事驻京活动 纪录片：《京华烟云》(Moment in Peking)……
东方的北京	与西方差异显著的东方文化	这一层次的传播，重点要传达出东西方的文化差异；此外，这一层次的传播受众可能会有一些限制，它可能多被一些受教育程度比较高、喜欢求新猎奇的人所青睐；在传播方式上，最好采用音像双感传播，营造出一种立体式氛围，充分刺激人们的感官，激发他们的旅游动机。	电视真人秀传播；电影拍摄传播；北京文化的高校传播；京韵表演进校园；北京故事微电影比赛；北京形象的华人推广……

（一）Watch Beijing（观看北京）

现如今，影视节目越来越受到大众的欢迎，影视节目的形式也越来越多样化。由此，可以通过影视节目将北京旅游形象在美国客源市场进行传播，通过独特的节目形式以及明星效应等强化北京旅游形象。

1. 电视真人秀传播

当红综艺拍摄与北京形象传播的结合。《极速前进》(*The Amazing Race, TAR*)是美国 CBS 电视台按季播出的真人秀节目，其自 2001 年开播至今已 28 季，共 10 次斩获"电视界的奥斯卡"——艾美奖。节目的主要形式为邀请当红明星开展环球旅行，并在途中开展一些竞技活动。《极速前进》具有一定数量的观众群体和独特的节目形式，所以，在设计对美国的形象传播时，可以事先与《极速前进》节目组沟通，在其环球路线设计中加入"北京"站。精心设计《极速前进》在北京的拍摄路线以及节目成员对北京的实际感知，向美国人民展现独具特色的北京文化、壮丽优美的旅游景观、令人垂涎欲滴的北京美食等。

2. 电影拍摄传播

好莱坞影片取景与北京形象植入。提到美国，很多人都会想到好莱坞，想到像《阿凡达》《变形金刚》那样精彩非凡的"美国大片"。就像大部分中国人没有去过美国一样，许多美国人也没来过中国，看电影是美国人了解中国的一种好方式。

近些年来，有越来越多的美国电影来中国取景，例如曾经风靡全球的《2012》中毁于洪水的寺庙是在珠穆朗玛峰附近的绒布寺；《星战前传3》中的卡西柯星球取景于广西桂林；在《碟中谍》中可以看到上海的东方明珠塔、金茂大厦、黄浦江等；《阿凡达》中的"哈利路亚山"的原型来自中国张家界等。

北京具有丰富的旅游资源，呈现古典及现代景观，所以，可以多多邀请美国著名导演前来北京参观，一方面可以增加他们前来北京取景的概率，以便于在"美国大片"中展现北京的景色；另一方面也可以产生名人效应，更有利于北京旅游形象在美国的传播。

3. 纪录片传播：Moment in Peking（京华烟云）

以纪录片的形式向美国客源市场传达"中国的北京"这一层次的北京旅游形象是比较合适的。首先，纪录片是纪实的影片，会给人一种真实的感觉，易于接受；其次，纪录片比较详细，易于理解；再者，纪录片有较高的科学价值和教育意义，有利于中国文化的传播。

以Moment in Peking（京华烟云）为纪录片名，内容上纵览北京上下几千年，阶段性和节点式地分别描述北京的发展状况，纵向展现出北京的风云变化，横向传达出北京古典和现代的多元化形象。在表达方式上可以综合借鉴中国的《百家讲坛》《北京记忆》《巴渝山城——美丽重庆》，美国系列纪录片《透视美国》等，以一种既能被美国人接受，又能凸显出自身特色的方式向他们传达出北京在中国的特殊地位，北京是中国的代表，北京不仅是中国的首都，还是有着厚重历史文化底蕴的中国古都，也是现代化发展迅速的中国新都等多种形象。

（二）Feel Beijing（感受北京）

1. "A Series of Stories about Beijing"（北京故事系列）宣传视频

将"北京故事"分为"我看北京""我讲北京""我听北京""我唱北京""我尝北京"5个系列，以到过北京的美国游客的切身旅游经历以及听过的有关北京的故事或歌曲为主，重点探索、发现北京这座城市的民俗趣味，不走大众化路线，以一种独特的、舒缓的方式来描述北京这座城市的故事，在表达方式上可以借鉴2013年北京宣传视频和《我在香港之时》的宣传视频等。

"我看北京"：在此系列中可以搜集、筛选出比较优秀的美国游客有关北京的旅游视频，或者在旅游过程中拍摄的照片，以一个旅游者的视角向美国客源市场传播北京形象。也可以借此展开一个"我眼中的北京"摄影、摄像大赛，如此一来既能够吸引一部分游客去北京旅游，又能够通过其中一些优秀的视频和照片起到宣传的作用。

"我讲北京"：搜集有关北京的有趣的故事，这些故事要求必须是发生在美国来京旅游者自己身上的趣事，然后在视频中以一种场景再现或者相声的形式传达出来。这些故事可以以篇章的形式串联起来，也可以将多个故事重新组合、杂糅。

"我听北京"：以采访的形式，请美国来京游客讲述一下他或她在北京听到的、令其印象比较深刻的北京故事，这些故事可以是导游对北京景点的介绍，也可以是通过与旅伴交流的形式得知的。

"我唱北京"：以音乐戏曲为主，包含京剧和有关北京的歌曲、民谣。在这一系列中可以分为"经典篇"和"个人篇"，"经典篇"就是比较著名的、为大家熟知的京剧、歌曲和民谣，然后以一种串烧的形式把三者串起来；"个人篇"，可以是对经典京剧、歌曲和民谣的模仿或改编，也可以自己创作。

"我尝北京"：这个系列可以借鉴《舌尖上的中国》和《北京味道》等纪录片，以美国游客的身份去发现北京的美食，或者借鉴综艺《跑男》和《偶像来了》中寻宝和识别美食的环节，举办一个"食踪"比赛，让参赛者根据有限的信息去寻找、品尝和识别北京的美食，这样既有利于北京美食的宣传，也能够增加趣味性。

2. 跳跃的音符，流动的文化

音乐作为人类的伟大杰作，以其独特的魅力到达人们的心灵深处，引起世界各国人民情感的共鸣。例如蔡依林的《布拉格广场》、伍佰的《挪威的森林》、万方的《温哥华悲伤一号》以及桃子的《走路去纽约》引起了多少人去往音乐所描绘的那个城市的热情。因此一首以北京为主题的经典英文歌曲在促进美国游客了解中国、对中国产生兴趣方面是影响重大的。

歌曲创作大赛。邀请知名作曲人和所有音乐爱好者为北京制作英文歌曲，为了让这一活动更好地了解北京文化，可以组织"让音乐进一步走进北京"的探寻北京之旅。通过歌曲传达东方北京的神韵和北京的魅力。并且通过音乐创作大赛的形式为歌曲的进一步传唱创造声势，为北京旅游宣传造势。

影视主题曲创作。进一步扩大音乐的影响力，积极鼓励中国优秀的音乐人参与美国本土影视主题曲的创作，通过文化软植入的方式，缩小美国游客对东方北京、中国北京文化的陌生感，从而进一步使他们产生到北京旅游的意图。

（三）Touch Beijing（触摸北京）

在这个主题下主要进行能够反映北京古老与现代交融的气质的北京形象T台展。北京是古老与现代气质兼具的城市，既有丰厚的历史与文化底蕴，同时又是一座具有活力的现代化都市，因此本宣传活动旨在以时尚的形式展示北京的古都、古韵形象，形成强烈反差，吸引美国人前来旅游观赏，以中国美、北京美的形式传播北京形象。

时间：夏季的周末

地点：选定在东部的华盛顿、纽约以及西部的洛杉矶、旧金山四个城市举办"北京形象T台展"活动，两个团队在两座城市同时举办，活动地点以室外广场为佳。

活动内容：

北京形象服装秀：从国内在校大学生中遴选约40名模特（男女、中外均可），邀请艺术院校学生设计体现北京形象元素的服装，从中挑选符合北京形象要素（诸如京剧系列、青花瓷系列、皇家服饰系列、旗袍系列等要素）、设计精美的作品制成成衣，由模特进行T台展示。

北京形象礼物展：本活动是"北京形象服装秀"的配套活动，可与已经很成熟的"北京礼物"品牌合作，由其提供其品牌中具有代表性的北京礼物进行展览，并可在展览活动现场设置中国传统游戏——猜灯谜，猜中的观众可凭答案获赠"北京礼物"一份。此猜灯谜活动与传统猜灯谜活动有所不同，谜面不是文字，而是图片形式，图片内容主要为北京的旅游景点、美食、小吃及一些知名场所，将图片贴在悬挂的红灯笼上，观看者若知道该图片对应的名字，则可取下图片前往服务台凭答案领取北京礼物（赠送礼物以精美实用的小物件为主，如卡包、钥匙链等）作为纪念。

第四节　北京对外旅游形象设计与传播
——以俄罗斯和美国为例

董晨　梁佳　王珏　李嫚嫚　徐焕哲[①]

一、引言

携程在 2016 年 5 月发布的《2016 年入境游趋势分析报告》（下称"报告"）中指出，北京、上海、西安是入境游客在入境后最喜欢去的三个旅游目的地，其中有 54.3% 左右的人一定会前往北京去看一看。《报告》同时显示，入境游客对于中国的历史文化类景点有着非常浓厚的兴趣，其中排名前三位的景区都位于北京。由此可见北

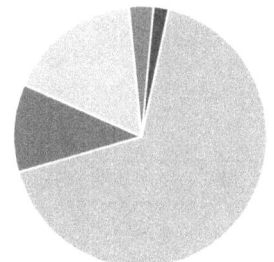

图 2-17　2015 年 1—12 月入境外国游客人数

数据来源：国家旅游局

---

① 董晨、梁佳、王珏、李嫚嫚、徐焕哲，北京第二外国语学院旅游管理学院。

京是对外传播中华文化的重要窗口之一，重塑北京旅游形象并对其进行有效传播十分必要。

国家旅游局《2015年1—12月入境外国游客人数统计》显示，我国入境旅游客源市场主要集中在亚洲、欧洲和美洲，其中排名前十的客源国主要是韩国、日本、美国、俄罗斯、马来西亚、蒙古、菲律宾、新加坡、印度、加拿大。由于日韩市场已经较为成熟，俄罗斯和美国市场还有待进一步开发，因此我们就以这两国为例，从旅游者偏好分析、北京旅游形象构成要素设计以及传播策略这三个方面出发，有针对性地对北京形象进行设计与传播。

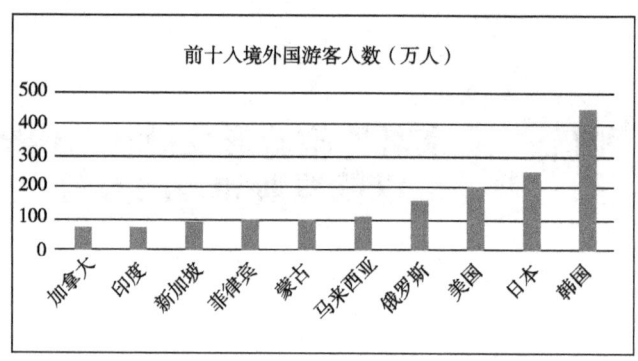

图2-18　2015年1—12月前十入境客源国

数据来源：国家旅游局

二、客源地概览

表2-23　客源地概览

地区	日本	韩国	欧洲	美国	俄罗斯	东南亚
客源国偏好分析	观光商务游 物美价廉 卫生要求高		山水风光 民俗文化 休闲度假 向往自由 喜欢冒险 中国工艺品 卫生要求高	山水风光 历史文化 民俗风情 探险娱乐 特色餐饮	中医养疗 文化历史 滨海度假 购物体验	休闲度假 风景观光 历史文化 胡同游

续表

地区			日本	韩国	欧洲	美国	俄罗斯	东南亚
旅游形象设计	行为形象设计（GRE模型）	政府	加大政府支持和扶持的力度，塑造政府良好形象					
		居民	提升地方居民形象					
		企业	提高旅游企业服务质量和水平，树立企业服务的良好形象					
	视觉形象设计（4S模型）	标徽	结合北京及客源国的独特因素进行设计（下文有针对美国，俄罗斯的具体设计）					
		吉祥物	玄武		祥龙	貔貅	饕餮；熊	麒麟
		字体	设计不同色彩的中外文对照的隶书和楷书两种字体					
		纪念品	1. 著名名胜古迹的模型；2. 外文编著的京城历史文化册；3. 剪纸、老北京布鞋、泥人、风筝、刻画；4. 平价优质的中药					
传播策略	网络	社交	Line（连我）	Kakao Talk	Facebook（脸书）Ins	Facebook（脸书）Ins	VK OK	WhatsApp（瓦次普）
		视频	YouTube Nicovideo Gyao	Mncast Mgoon	YouTube SaveFrom	YouTube	YouTube	YouTube
		搜索引擎	Google（谷歌）Yahoo（雅虎）	Naver Google（谷歌）	Google（谷歌）	Google（谷歌）	Yandex	Google（谷歌）
	文化	影视剧	以北京美食、服饰等为主题拍摄影视剧，邀请客源国著名演员与中国演员合作					
		代言人	成龙	汤唯	章子怡		李健	赵薇
		夏令营	高校之间的联谊交流；举办关于北京的旅游设计比赛，让青少年更加了解北京，回国后进行口碑传播					
	广告		健康疗养体验片、文化古迹行走片、北京美食品尝片放在地铁与公车站；在国外旅游杂志封底上、旅游纪念品包装盒上印刷一些北京市的旅游景区、民风民俗等广告					
	公共关系		考虑邀请有名望的国外旅行社高管、新闻媒体记者、旅游专栏作家、旅游学者、投资考察人士等到北京免费参观考察					
	网页设计		将北京吃、住、行、游、购、娱全面展示出来，并附上相应链接					

注：GRE 模型为 Government、Resident 和 Enterprise 三者的首字母合并，分别代表政府、居民与企业；4S 模型指 Symbol、Symbol mascot、Standard typeface 和 Souvenir，分别代表标徽、吉祥物、字体和纪念品。

三、北京对俄旅游形象设计与传播

（一）俄罗斯客源市场分析

表2-24 俄罗斯旅游者来华旅游动机统计　　　　　　　　　单位：万人

年份	合计	会议／商务	观光休闲	探亲访友	服务员工	其他
2012	242.62	66.40	131.21	0.07	27.97	16.96
2013	218.63	65.61	108.85	0.14	26.90	17.14
2014	204.58	62.30	97.05	0.36	25.91	18.96
2015	158.23	54.81	64.02	0.41	24.44	14.55

资料来源：国家旅游局

表2-25 俄罗斯旅游者旅游行为分析

行为特征	激情者	研究者	设计者	享乐者	消费者
信息来源渠道	亲友介绍	互联网	旅行社信息	—	—
目的地偏好	景观介绍	当地文化	气候条件	住宿餐饮条件	社会治安
旅游产品偏好	滨海度假游	动物观赏游	医疗旅游	文化古迹游	购物旅游

资料来源：《基于俄罗斯旅华游客行为特征的中国旅游产品开发的研究》

根据对俄罗斯旅游客源市场的分析，设计出了北京对俄短程旅游线路：
第一天：长城、天安门、故宫、颐和园
第二天：雅宝路市场、红桥市场
第三天：北京动物园、北京天文馆
第四天：十渡风景区漂流、真人CS、跑跑卡丁车
第五天：十渡风景区爬山、攀岩、蹦极
第六天：云泽山庄（十渡风景区附近）水上项目、生态温泉

（二）北京对俄旅游形象构成要素设计

1. 口号设计

根据北京对俄旅游总体形象定位，并结合主题口号设计的原则，北京对俄旅游形象主题口号可以设计为——"健康文化北京，阳光下的购物天堂"。

从上文的分析中我们得知俄罗斯旅游者的偏好，而这句口号突出了北京能够满足俄罗斯旅游者对阳光、养生、文化、购物的需求。

2. 视觉形象设计

（1）旅游标徽

北京对俄旅游标徽的图案选取可以采取两种类型的标徽，其中一种如图2-19所示，作为官方的标徽要体现出北京的大气稳重又不失活泼。代表颜色选取红色和金色，这两种颜色能够充分引起两个国家人民的共鸣，红色是俄罗斯人比较喜欢的颜色，一方面代表着北京的历史文化，另一方面也代表着北京人以其诚挚、火热的心迎接俄罗斯的客人。金色代表温暖与幸福，因为俄罗斯日照时间短、常年寒冷，故而需要阳光的温暖。标徽的背面可以采取图2-20作为一种典型的标志，"祥云""团圆"都表达着我们向往平安吉祥、团团圆圆的心愿，把它选为标志也代表着我们对于俄罗斯人民的美好祝愿。另外一种图案如图2-21所示，以漫画的手法表现出来，不仅能够突出北京浓厚的传统文化气息，也表现出北京在继承过程中不断创新的心态，吸引更多俄罗斯旅游者的目光。

图 2-19　标徽示例 1

图 2-20　标徽示例 2

图 2-21　标徽示例 3

图片来源：百度图库

（2）旅游标准字体

旅游标准字体往往和旅游地的旅游标徽结合使用。北京对俄罗斯旅游标准字体在选取方面不仅要体现中国特色，而且还要具有开放性。例如，北京可以考虑请专家设计不同色彩的中俄文对照的隶书和楷书两种字体，其中隶书主要可以突出文化的厚重性，楷书则体现欢快性，并要与对外旅游标徽图案风格相协调。带有外语标识来传播北京对外旅游形象是开放性的体现，可以让更多的外国友人认识和了解北京。这不仅能够体现出我们中国文化的深厚底蕴，也能使俄罗斯人民感受到文化的共通，能够体会到俄文在不同字体书写下所体现出的不同的感觉。

（3）旅游吉祥物

吉祥物是视觉符号识别系统中的重要组成部分，对于视觉形象的塑造、推广具有重要的意义。俄罗斯民族一直以来在我们心中都是坚强、坚韧的民族形象，我们在设计吉祥物的时候可以选取饕餮、麒麟等充满力量感的传说形象，这些神话动物有着相当多的传说，可以稍作修改，使其符合俄罗斯人民的性格与偏好；同时俄罗斯人民同样有着相当长的历史，这就意味着俄罗斯也存在着传说动物，比如他们传说中的著名的龙的形象是三头喷火龙戈里尼奇，我们可以将两国之间的传说动物结合起来编纂小说或者制作动画以结合两国文化，并吸引俄罗斯游客。另外，根据北京在地图上"熊"的形状来看，北京旅游象征吉祥物方面也可以考虑把以"熊"为原型的不同颜色和形状的"北京小熊"可爱卡通造型作为北京对外旅游吉祥物。

（4）旅游纪念品

旅游纪念品是一个旅游地形象延伸和传播的一种重要载体，北京在旅游纪念品的设计上可以根据国外游客需求，尽量体现北京的地方性特色。例如，可以设计出一些具有浓厚北京地方性特色文化的故宫、长城、颐和园模型，以及外文编著的京城历史文化册。此外，还可以设计制作一些体现地方旅游区形象的纪念品，如剪纸、老北京布鞋、泥人儿、风筝、刻画等。同时，国外旅游者对中国的中医药兴趣较为浓厚，故而可以将一些平价优质的中药设计为纪念品。

3. 行为形象设计

（1）加大政府支持和扶持的力度，塑造政府良好形象

一个旅游地政府的管理水平、管理政策、管理措施、管理秩序等直接关系到该旅游地内民众的向心力和凝聚力，直接关系到对外的亲和力，是对俄罗斯形象建设和宣传的重要力量。因此北京也应该加大在对俄罗斯旅游方面的管理政策和管理实际工作等方面良好形象的树立，努力营造出一个良好的对俄旅游政府行为形象。我们可以从官方的角度搭建俄罗斯和北京旅游的平台，开展一系列对俄的活动，彰显北京对俄友好态度。

（2）提高旅游企业服务质量和水平，树立企业服务的良好形象

旅游企业实质上所提供的是人与人和面对面的服务产品，其服务产品一

方面包括有形的服务,另一方面包括无形的服务。有形的服务产品质量的好坏相对来说很好评定,但是无形的服务质量的评定方面就不是很容易。旅游服务的过程实质上是旅游企业员工与旅游者之间的互动过程,旅游服务态度和行为与旅游者的个性和情趣相互交织,互为影响,服务态度和行为直接影响旅游者对旅游地的形象感知和认同。所以要加强培训,提高旅游从业人员的服务质量和水平。要加强对俄语导游、领队的培养,宣传北京对俄旅游的良好形象和理念,树立企业服务的良好形象,开发主题性的高品质的北京旅游线路,从而保证俄罗斯旅游者在踏上北京这块土地时就能感受到文化古城温暖幸福的好客氛围。

(3) 提升地方居民形象

一般来说,居民是旅游目的地中人数最多的一类人群,他们的分布面广,其语言、服饰、生活方式、日常活动等自然地成为了旅游者眼中该旅游地形象的一部分。居民形象设计要以人为本,加强系统的文明教育,提高广大居民的素质,形成"人人都是旅游环境,人人都是旅游资源"的意识和良好的居民行为形象。例如,可以开展"北京人游北京"活动,引导居民了解北京,增强主人翁意识;同时还可以开展丰富、有趣的社区活动,增强居民的幸福感,从而营造出和谐、快乐、温暖的北京城市氛围。

(三) 北京对俄旅游形象传播策略

1. 网络宣传策略

(1) 加强旅游网页建设

加强北京市旅游发展委员会的网站建设,根据"吃、住、行、游、购、娱"将旅游要素进行区域划分,并相应地附上详细介绍的链接。"吃、住"要有质量保证,所以尽量选择知名度大、价位较高的餐厅和酒店。"购"主要选择大型的购物商场以及售卖北京特色商品的购物街,例如三里屯、秀水街、雅宝路市场等。旅游官网还应加入北京旅游线路产品,突出介绍北京的文化古迹、中医养疗、休闲购物等。同时将页面的主色调更换为暖色系。

(2) 加强利用社交软件

社交软件。采用谷歌地图技术,将北京当地人提供的照片和故事绘成网上互动的俄文北京地图,将其投放到 VK、OK 以及 моймир 等俄罗斯主流社交软件上进行分享。网民还可以从精选照片和故事中票选出他们最喜爱的北京体验，从而使他们更深入地感受北京。周期性地在俄罗斯主流社交软件上发布北京旅游相关信息，比如说北京美食帖、北京购物帖、北京康养帖等，在相关帖下建立评论社区，打造北京旅游信息沟通平台。通过一定的奖励措施，鼓励俄罗斯普通访京游客在社交软件上发布自己的北京游体验，同时邀请俄社交达人来京旅游并在社交软件上进行北京游记的实时分享，由俄罗斯本地人对北京旅游形象进行传播，形成持久的长尾媒体传播效应。

视频软件。制作北京旅游宣传片，宣传片内容要介绍北京的文化古迹、山水风光、中医养疗、动物以及购物资源等，同时还要展现北京当地人的日常生活，可以采取一种轻松活泼的宣传方式，另外，宣传片中还可以加入俄罗斯的场景片段，或者以俄罗斯知名明星作为主角，使俄罗斯旅游者产生心理共鸣。将北京旅游宣传片投放到 YouTube，并使其出现在视频首页。设法增加前期点击量，使其进一步出现在热点视频，扩大其影响力。

搜索引擎。在俄罗斯最大的搜索引擎 Yandex 上投放与北京旅游相关的关键词，将北京旅游信息实时发布到搜索网站的热点消息版块，同时将其作为广告植入到网站当中。

VR 技术。通过 Still VR 技术，拍摄静态 360 度全景照片，对北京进行定点介绍，基于 HTML5 实现手机、电脑、平板等设备离线播放，同时还可以嵌入到北京旅游网站、俄罗斯搜索网站，以及俄罗斯主流社交软件当中。此外，通过 Video VR 技术，拍摄动态 360 度全景视频，让俄罗斯旅游者对北京进行虚拟旅游体验。开发俄罗斯专属 VR APP，类似于全景客虚拟旅游，通过还原、再现北京形象，达到其传播目的。

2. 旅游广告策略

在人流量较大的地方播放北京旅游宣传片，例如公交车上和地铁上的小型电视、公交和地铁站点以及电梯内外部的电子显示屏等。在俄罗斯销量较高的旅游杂志上投放北京旅游广告，介绍北京特色旅游资源，并附上北京市旅游发展委员会官方网站地址，使俄旅游者可以对北京进行详细了解。此外，将北京旅游资源介绍的二维码附在北京旅游纪念品的包装上，使访京旅游者回国后还可以感受到北京的风采和韵味。如果纪念品转送给朋友，便可以扩大北京旅游形象的宣传范围，形成良好的二次传播。

3. 公共关系策略

旅游主管部门或其他组织可以考虑邀请有名望的俄罗斯旅行社高管、新闻媒体记者、旅游专栏作家、旅游学者、投资考察人士等到北京免费参观考察，回国后在相关报纸或杂志上发表北京体验。或者在俄罗斯的招商引资会上将北京旅游形象作为投资环境的一部分进行介绍，对俄重点推出北京特色的旅游活动等。

4. 文化传播策略

（1）影视剧

借鉴2013年制作的旅游系列节目《你好，中国》，全新打造以北京为主题的旅游电视专题片，在俄罗斯电视台黄金档播出。在俄罗斯的本土影视剧中加入北京元素。可以邀请剧组来北京进行拍摄取景，通过影视剧展现动态的北京，从而达到微渗透、广传播的效果。

（2）游学活动

邀请俄罗斯青少年来京进行民宿旅游交流活动，与北京家庭同吃、同住、同游览，使其全面领略北京的魅力与文化。在京举办中俄青少年活动，例如中俄青少年运动会、中俄旅游形象设计大赛、中俄青年旅游论坛等，在加强文化交流的同时，使俄青少年更好地了解北京。

（3）会展商务

以2017年北京国际旅游博览会为契机，加强北京会展旅游建设，不光要打造北京特色展，还要举办多样化的国际展览。同时努力争取举办国际会议、研讨会以及论坛的机会，进而拉动北京经济增长，促进北京旅游发展。

四、北京对美旅游形象设计与传播

（一）美国客源市场分析

表2-26　美国旅游者来华旅游动机统计　　　　　　　　单位：万人

年份	合计	会议／商务	观光休闲	探亲访友	服务员工	其他
2012	211.81	53.86	108.74	0.52	12.26	36.41

续表

年份	合计	会议／商务	观光休闲	探亲访友	服务员工	其他
2013	208.53	50.82	97.53	2.09	12.56	45.52
2014	209.32	40.17	80.15	11.98	13.36	63.65
2015	208.58	37.95	77.07	19.18	14.17	60.20

数据来源：国家旅游局

表2-27 美国旅游者旅游偏好分析表

旅游产品	文物古迹	山水风光	民族风情	医疗保健
饮食偏好	地方风味	中国特色小吃	/	/
住宿选择	地理位置优越	环境雅致	设施完善	服务良好
娱乐项目	民俗文化类	探险类	/	/
旅游商品	工艺品类	丝绸或纺织品类	服饰品类	珠宝类

资料来源：《来华美国旅游者旅游偏好实证研究》

综上，根据对美国旅游客源市场的分析，设计出了北京对美短程旅游线路：

第一天：长城、天安门、故宫、颐和园

第二天：798艺术区、琉璃厂

第三天：居庸关长城、明十三陵景区

第四天：十渡风景区漂流、真人CS、跑跑卡丁车

第五天：什刹海景区、南锣鼓巷景区、鼓楼

（二）北京对美旅游形象构成要素设计

1. 口号设计

根据北京对美旅游总体形象定位，并结合主题口号设计的原则，北京对美旅游形象主题口号可以设计为——独特而神秘的东方古城。这句口号突出了北京能够满足美国旅游者对感受东西方文化差异的需求。

2. 视觉形象设计

（1）旅游标徽

北京对美旅游标徽在图案选取方面要凸显出东方文化气息。例如，标徽

图 2-22　标徽图案示例 1　　图 2-23　标徽图案示例 2

图片来源：百度图库

中的代表颜色可用金色，图案可以选取东方巨龙。可以多加入些文化差异大的元素设计标徽，引入故事，调动美国游客的好奇心，并使他们深刻感受到东西文化差异。

（2）旅游标准字体

北京对美旅游标准字体在选取方面既应有充足的吸引力，同时也要让人能理解。例如，北京可以考虑请专家设计部分甲骨文作为旅游标准字体，因为甲骨文既可以以"全世界较古老的文字"作为噱头，并且其文字像图画的特性也使人容易理解，同时可以翻译成英文；或者可用每个朝代的独特文字分别写出一段话，从而让美国人更强烈地感受到东方国度的悠久历史和神秘气息。

（3）旅游吉祥物

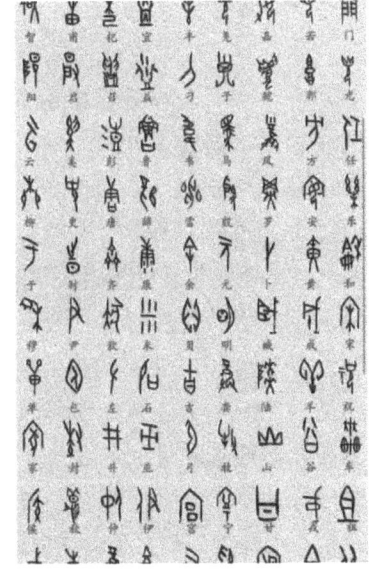

图 2-24　旅游标准字体示例

图片来源：百度图库

由于美国的历史短暂，他们的文化中大多是较为先进的东西，这也就促使他们对于东方古老的事物充满着好奇和向往。所以我们可将麒麟、祥龙、貔貅这种东方独有的传说动物设计为吉祥物，并将其故事翻译为英文。如果感觉其面容过于凶狠可设计为卡通版。一个好的吉祥物可以对景区起到非常好的营销宣传作用（可以参照日本熊本县吉祥物：熊本熊），甚至赋予景区"人格"。例如将其制成服装、表情包、微电影、快闪活动等。

图 2-25　旅游吉祥物示例 1　　图 2-26 旅游吉祥物示例 2

图片来源：百度图库

(4) 旅游纪念品

北京对美旅游纪念品的设计可以根据美国游客需求，尽量体现东方传统特色。例如，可以设计出一些祥龙玩偶（祥龙与恶龙的对比）或是英文的仙侠小说（仙术与魔法的对比）。此外，众所周知，美国的高精尖医疗技术全世界闻名，然而中医却可以治疗许多西医无法医治的病症，所以中医药对美国游客也有着极大的吸引力。如 2016 年里约奥运会，无论是哪国运动员，他们大部分均会在赛前拔罐；而中医按摩在其他国家都是上层社会才可体验的治疗方式，极其昂贵，因此可以多做一些英文的中药药效介绍并编写英文版简易中医养疗手法书籍。

图 2-27　旅游纪念品示例

图片来源：百度图库

(三) 北京对美旅游形象传播策略

1. 网络宣传策略

加强北京市旅游发展委员会的网站建设，根据"吃、住、行、游、购、娱"将旅游要素进行区域划分，并相应地附上详细介绍的链接。"吃、住"要有质量保证，所以尽量选择知名度高、价位较高的餐厅和酒店。"购"主要选择大型的购物商场以及售卖北京特色商品的购物街，例如三里屯、秀水街、雅宝路市场等。旅游官网还应加入北京旅游线路产品，突出介绍北京的文化古迹、中医养疗、休闲购物等。同时将页面的主色调更换为暖色系。

2. 加强利用新媒体

（1）社交软件

采用谷歌地图技术，将北京当地人提供的照片和故事绘成网上互动的英文北京地图（照片也可由美国游览者提供），将其投放到 Facebook（脸书）、Twitter（推特）、Skype 以及 Ins 等美国主流社交软件上进行分享。网民还可以从精选照片和故事中票选出他们最喜爱的北京体验，从而使他们更深入地感受北京。可在上述自媒体平台中创建不同的互动单元，美国游客可上传在中国的游记、照片、录像等宣传北京。此外，也可以开设北京文化专题，将北京的各种文化以图文形式上传至自媒体平台，使客源地游客更好地了解北京。此外，微信（WECHAT）在美国越来越流行，相对于上述国外自媒体，国内媒体可以利用微信更好地宣传北京。例如：建立公众号定期发文，增强媒体与用户之间的互动性的同时还可加强传播效果。

（2）视频软件

制作北京旅游宣传片，宣传片内容要介绍北京的文化古迹、山水风光、中医养疗、动物以及购物资源等，同时还要展现北京当地人的日常生活。另外，宣传片中可邀请美国本土明星或中国国际明星参加演出，吸引潜在旅游者观看并作出旅游决策。将北京旅游宣传片投放到 YouTube，并使其出现在视频首页。设法增加前期点击量，使其进一步出现在热点视频，扩大影响力。

（3）搜索引擎

在美国最大的搜索引擎 Google（谷歌）上投放与北京旅游相关的关键词，将北京旅游信息实时发布到搜索网站的热点消息版块，同时将其作为广告植入到网站当中。

（4）VR 技术

通过和国内 VR 公司（如全景客虚拟旅游网）合作，基于 OpenGL 底层技术拍摄静态 360 度全景照片及动态 720 度视频，对北京进行定点介绍。基于 HTML5 实现手机、电脑、平板等设备离线播放，同时还可以嵌入到北京旅游网站、美国搜索网站，以及美国主流社交软件及微信（WECHAT）当中，让美国潜在游客对北京进行前期体验。

3. 文化传播策略

（1）影视剧

在美国的本土影视剧中加入北京元素。可以邀请剧组来北京进行拍摄取景，也可以邀请华人国际影星加盟演出。通过影视剧展现动态的北京，从而达到微渗透、广传播的效果。

（2）游学活动

邀请美国青少年来京进行民宿旅游交流活动，与北京家庭同吃、同住、同游览，使其全面领略北京的魅力与文化。在京举办中美青少年活动，例如中美青少年文化交流大会、中美旅游形象设计大赛等，在加强文化交流的同时，使美国青少年更好地了解北京。

（3）广告策略

可在美国主流视频分享网站上获得播放广告权，并制作关于北京文化、特色方面的广告，使更多潜在美国旅游者进一步了解北京，刺激他们作出旅游决策。

4. 政府合作传播策略

北京市政府可与美国各州政府建立合作关系，使得美国政府鼓励当地居民来京旅游。与此同时，美国各州政府可在各州旅游局官网上开设北京模块，对中国的方方面面进行深入介绍，使得美国潜在旅游者能够了解中国的独特魅力，促使他们作出旅游决策。

第五节 "惊"系列活动（Surprising Beijing）对日传播方案

杨丽端[①]

一、引言

旅游是首都"四个中心"定位中的核心功能之一，旅游业是北京建设"国际一流的和谐宜居之都"的支柱产业和京津冀协同发展的纽带产业。近年来北京国内旅游势头整体看好，但北京国际旅游竞争力减弱，入境市场持续下滑一直是困

---

① 杨丽端，北京第二外国语学院旅游管理学院。

扰北京旅游发展的问题。纵观 2005—2014 10 年的统计数据（见图 2-28），北京入境游客接待量有两次大的波动，但自 2011 年以来一直呈下滑趋势，旅游外汇收入波动基本与入境游客接待量波动一致。2015 年，北京入境旅游市场持续低迷，全年接待入境游客 420 万人次，同比减少 1.8%。其中，接待外国人 357.6 万人次，减少 2.2%；旅游外汇收入 46.1 亿美元，下降 0.1%。在除去港澳台地区的亚洲客源国中，日本是北京第二大客源国市场，仅次于韩国（见图 2-29）。而日本来京游客量虽然也自 2011 年开始下降，但从 2013 年起趋于稳定，旅游人数在 2015 年有所回升，达到 25.8 万人次，同比增长 3.9%（见图 2-30）。尽管增幅不是很明显，但在入境旅游市场严峻的形势下释放出一个好的信号，日本作为北京入境旅游客源国具有开发潜力，加强北京在日本的旅游形象传播极具现实意义。

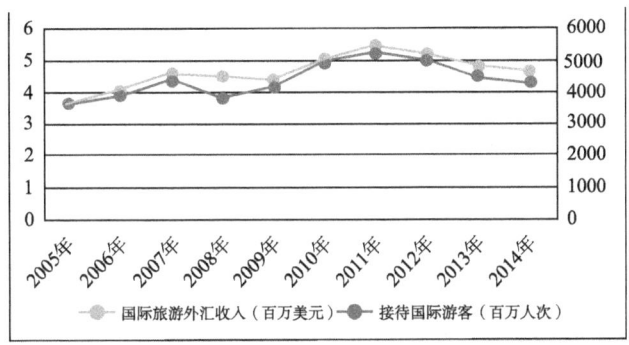

图 2-28　2005—2014 北京接待入境游客和旅游外汇收入变化

数据来源：国家统计局

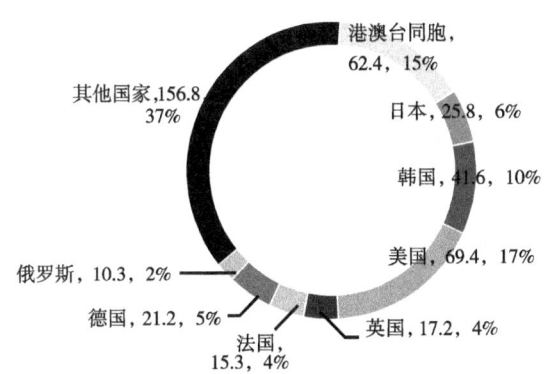

图 2-29　北京主要客源国（地区）旅游者人次（万人次）

数据来源：北京市统计局

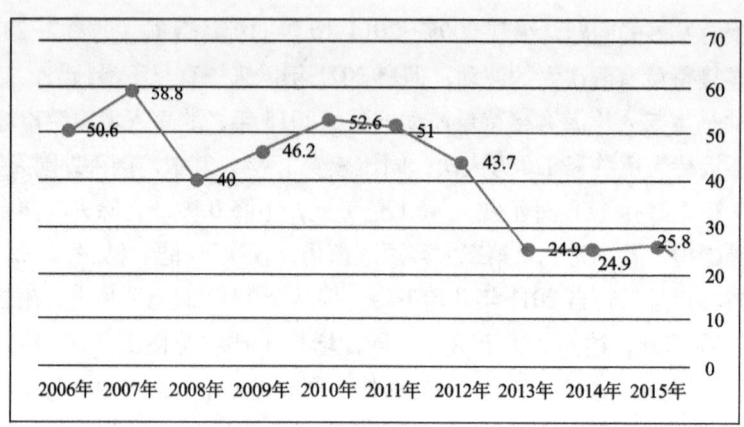

图 2-30　2006—2015 年北京接待日本游客量（万人次）

数据来源：北京市旅游委

二、客源市场分析

（一）客源市场特征

1. 男性比例高于女性，中老年的比例偏高

根据 2015 年中国旅游统计年鉴数据，日本来华旅游者主要是男性，占比超过 4/5（见图 2-31）；而中国旅游舆情传播智库 2014 年发布的日本来华旅游舆情调查报告显示，在日本出境游游客中，男女比例接近 1∶1，且女性出游的平均次数略高于男性，随着家庭收入的增高，女性海外旅行的次数明显增多[①]。日本来华旅游者的男女比例与总体出境旅游情况不符，女性人数偏低的原因可能是女性对服务业预期高于男性，中国的旅游服务业无法满足其需求，具体可表现为日本女性对中国厕所的不满。

在年龄分布方面，来华的日本游客年龄主要在 25—64 岁之间，其中最多的是 45—64 岁年龄段，25 岁以下和 65 岁以上的游客很少。相较于日本出境游客的平均值来说，中老年的比例偏高是日本来华游客的另一个特点（见图 2-31）。

---

① 中国旅游舆情传播智库. 日本来华旅游舆情调查报告 [EB/OL]．2015-05-16．http://www.tripinfo.com.cn/a/lvyoudashuju/diaochabaogao/20160516/118.html．

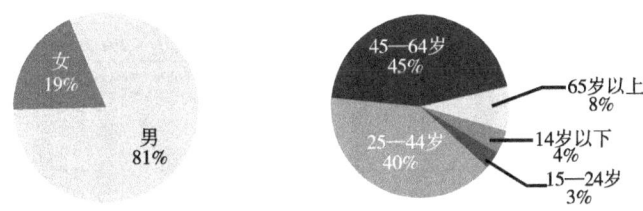

图 2-31 日本来华游客性别比例和年龄构成

2. 旅游动机和花费

由图 2-32 可知,日本来华旅游者的主要动机是会议商务和观光休闲。而根据北京旅游委的数据,2015 年入境旅游者在京旅游人均花费 1 097 美元,增长 1.7%,人均天花费 258 美元,平均停留 4.25 天。花费构成中,主要为长途交通(36.8%)、购物(19.9%)、住宿(12.8%)、餐饮(6.2%)、娱乐(4.2%)、景区游览(3.3%)、邮电通信(2.4%)以及市内交通(2.4%)。

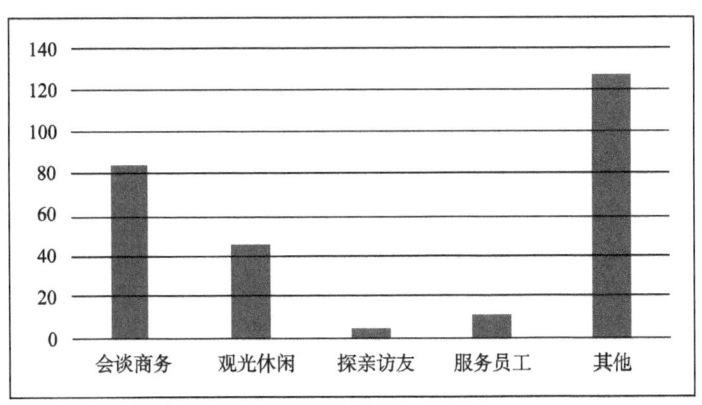

图 2-32 日本来华旅游者旅游动机

数据来源:北京市旅游委

3. 月度波动不明显

日本来京游客月度波动不大,每月都有 2 万左右的游客量。相较来说来京游客较多的月份集中在 5 月和 8 月,12 月到 2 月人数偏少(见图 2-33)。

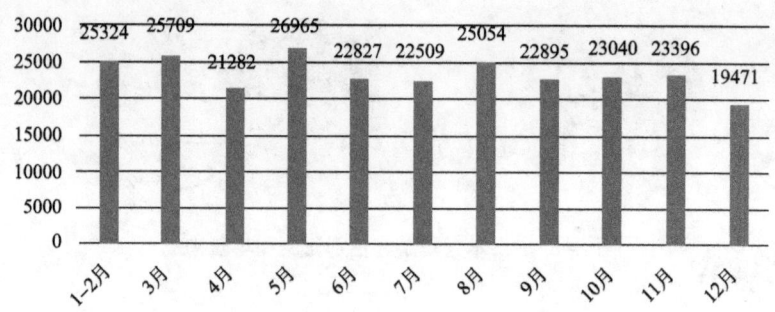

图 2-33　2015 年北京接待日本入境过夜游客月人次变化

数据来源：北京市旅游委

4. 来华意愿：前景光明，道路曲折

60% 以上的日本民众有海外旅行经历，但有来华经历的日本游客不足 20%。其中来过中国的日本游客重游意愿只有 31.4%，而没有来过的有来华意愿的日本游客只占到 11%，如图 2-34 所示。而不愿来华的原因，有过半数的人认为是空气污染，其次治安不好、不喜欢中国、语言不通、服务不好。虽然中国的日本旅游市场空间很大，但也伴随着较大的开发难度。

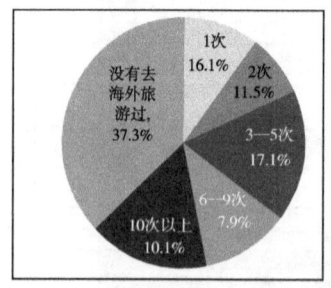 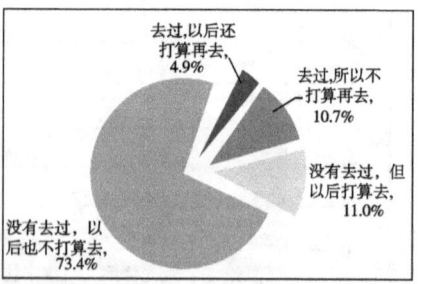

图 2-34　海外旅游经验和未来赴中国旅游打算

数据来源：日本来华旅游舆情调查报告

（二）北京旅游形象感知：长城领跑

有调查显示，北京在日本拥有较高知名度，认知率达到 96% 以上，日本游客有 50.3% 的人表示想来北京旅游。原因很多，首先北京本身就具有悠久的历史和丰富的旅游资源，代表性的景点有长城、故宫和天安门等。而在日本游客的各项来华旅游的因素中，悠久历史、优美的自然风光和国宝熊猫位居前三位。此外万里长城是在日本游客中认知度最高的旅游景区，达到了94.4%；其次是故宫，认知度在49.3%。从日本游客对中国主要景区感兴趣的程度看，万里长城遥遥领先，43.6%的人表示想去游览，几乎凡是对中国旅游感兴趣的人，都希望到长城一游。

三、形象定位与传播目标

（一）形象定位

北京市"十三五"时期旅游业发展规划指出要以国际视野推动重塑国际旅游形象，在"东方古都""文化北京"基础上，拓展推广"现代北京""品质北京"形象。本文融合北京的皇家文化和现代气息，提出以"活力皇城"为重点打造北京新形象。

针对日本入境市场特征，设计不同的形象传播口号：

1. "不到长城非好汉，不到北京非中国"

此口号针对的是日本现有市场，推出长城、故宫等世界级文化遗产，其对长城等景区的广泛认知为北京的形象传播打下了基础，特别是对中国历史感兴趣的中老年男性，激发他们来中国的热情。

2. "东方皇城，跨越千年的时尚"

此口号针对的是日本女性市场和年轻市场，推出的是北京的现代旅游资源，包括798艺术区、751时尚设计广场等文化创意区和三里屯、秀水街等国际化休闲购物区。

（二）传播目标

①通过一系列的传播活动，丰富日本民众对中国单一的历史悠久的认知，塑造北京古典、现代、包容、大气的形象。

②拓宽北京的客源市场范围，吸引更多年轻人和女性群体的目光。

四、实施策略：Surprising Beijing ——"惊"系列活动

（一）传播内容

"惊"系列活动旨在带给日本游客不一样的惊喜。近年来，日本国民整体对经济前景的信心不足，出境旅游意愿偏冷，因此"惊"系列活动整合北京的旅游资源，打包成系列产品，旨在塑造北京新形象的同时激发日本民众的旅游热情，刺激旅游消费。

1. "惊"味

中日饮食本就有着深厚的渊源，从唐朝开始，日本就与中国进行了大量的外交活动，将中国的饮食文化传入日本，造就了中日共通的一些饮食文化。首先，主食方面都是以谷物为主。北京所在的北方饮食，主食材料以小麦和高粱为主，面食有馒头、花卷等清蒸食品和油条、糖糕等油炸食品，过年还会吃饺子。而日本人多吃白米饭和面条类，如拉面、荞麦面等。日本人在除夕夜或立春前夜吃迎新荞麦面。其次在食材选择上日本人也和中国人一样喜欢应季的食材，把应季的花点缀在盘子边上的细节也和中国类似。最后两国都喜用筷子搛菜。不过两者在烹饪方式、饮食礼仪和食器方面也有各自的特点。

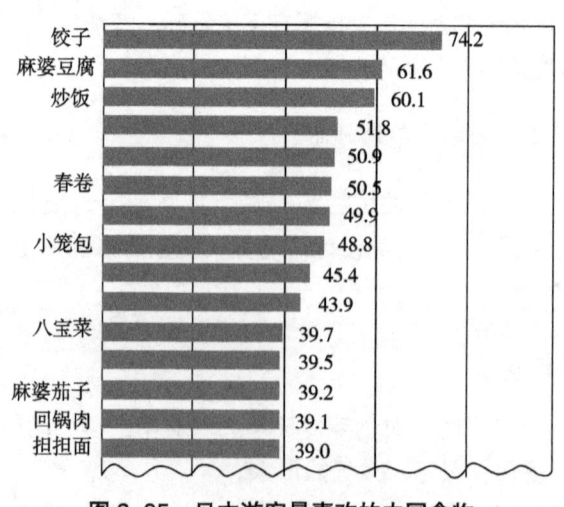

图 2-35　日本游客最喜欢的中国食物

而调查显示，日本有 82.7% 的人表示喜欢吃中国菜，而饺子、麻婆豆腐、

炒饭分居"最喜欢的中国菜"前三名（见图2-35）。此外，咕老肉、青椒肉丝、春卷、烧麦和小笼包也极具人气。而在喜欢春卷和小笼包的人中，女性比男性多17%～18%；喜欢干烧虾仁、包子、麻婆茄子、棒棒鸡、油淋鸡、麻婆粉丝、粽子的也是女性居多①。

中日饮食的渊源和日本民众对中华美食的喜爱，加上日本本地的中国菜价格很贵，一般人不能经常吃到正宗的中国菜，这些前提都为北京推出京味美食品牌提供了契机，北京在迎合日本游客的口味、推广他们喜爱的饺子等家常菜品的同时，可强化北京的冰糖葫芦、驴打滚、炸酱面、北京烤鸭、庆丰包子、涮羊肉等已有特色美食品牌。

2. "惊"游

首先，对日本游客来说，根据知名度排名，北京主打的旅游景点有长城、故宫、天安门等世界级文化遗产。但在宣传的时候，需要发掘出历史文化遗产新的令人惊奇的亮点，如体现长城现代文化的慕田峪国际村、故宫的文创产品等。

此外日本文化深受佛、道文化的影响。史料表明，至迟在唐朝时，中国道教的经典、长生信仰、鬼神信仰、方术、科仪等就大量传入日本，道教文化已在日本受到官方和民间的重视，对日本的哲学、政治、文学、民俗、医学、神道等方面都产生了广泛的影响②。佛教也是在唐朝时期传入日本，在日本广泛传播。因此北京的佛教、道教文化也是旅游传播的重点。北京的潭柘寺、戒台寺、云居寺和丫髻山旅游风景区等可以作为主推景点。

3. "惊"玩

北京的娱乐特色在于融合了现代与传统的惊喜体验。喜爱北京历史文化的游客白天可在充满传统京味文化的老舍茶馆、南锣鼓巷欣赏北京杂技和京剧，晚上在胡同寻一处安静的四合院好好休息。年轻、时尚的游客白天可以参观具有现代艺术气息的798艺术区、751时尚设计广场，到了晚上来场夜游三里屯体验另类的北京不眠夜。

---

① 人民网-日本频道. 麻婆豆腐青椒肉丝 日本人最爱吃的中国菜竟然是……[EB/OL]. 2014-12-24. http://www.chinese.peopledaily.jp/n/2014/1224/c368549-26267171.html.

② 卿希泰，唐大潮. 道教史[M]. 南京：江苏人民出版社，2006：384-385.

4. "惊"购

21 世纪以来，北京市经过十余年调整、改造、建设，形成了特色商业街建设格局，发展了一批以 26 条市级特色商业街为代表的品牌特色商业街[①]。这些商业街包括深受外国友人喜爱的秀水街，体现北京建筑文化和京商文化的大栅栏、烟袋斜街，充满时尚元素和现代都市气息的世贸天阶和蓝色港湾等等。这些街区的功能与女性和年轻群体的购物需求相匹配，很可能成为北京对日游客新的吸引点。

此外，就日本游客而言，日本茶源于中国却自成一派，形成了深厚的茶道文化。日本本土民众就有喝茶的习惯，正如日本研究日本茶道史的权威桑田忠亲所说"茶道已从单纯的趣味、娱乐，进化为表现日本人日常生活文化的规范和理想"。日本民众日常消费的茶主要是绿茶、麦茶和乌龙茶，从中国进口的主要是乌龙茶、红茶、蒸青绿茶和名优绿茶，其中乌龙茶最多。且近年来，中国茶在日本日渐流行，因此茶叶不论送礼还是自己喝都很有市场。因此，马连道茶叶街可以作为对日本的重要传播街区。

（二）多形式、多渠道传播

1. 互联网传播

（1）社交媒体传播

"惊"系列可以做成简短精致的小视频放到社交媒体上传播。2013 年的数据显示，北京有 1.15 万日本人长期居住，他们很多人都有自己的 Mixi（日本最大的社交网站）和推特账号。因此可以借助长期在中国居住的日本人在各自的社交媒体方面的影响力进行传播，对于在社交媒体上面转发视频或相关宣传文本的日本人进行现金奖励或者提供给他们免费体验的机会。

（2）明星直播

邀请符合北京形象的日本明星和中国明星体验北京"惊"系列网上直播。如巨星成龙携手日本乒乓球选手福原爱，成龙在国际上具有很高的知名度，可以代表国际化的北京形象，而福原爱是中日友好的代表，由成龙邀请福原爱进行北京"惊"系列体验直播，通过名人效应传播北京形象。

---

① 韩凝春，胡昕. 北京特色商业街发展述论 [J]. 北京财贸职业学院学报，2013（06）：14-18+48.

2. 北京赴日游客传播

2015年，北京赴日游客达到89.7万人次。出境游客作为对外交往的使者，有关部门可以提前对他们进行北京形象传播培训，也可以给他们免费发放北京特色挂件，如手机套等日用品，鼓励他们在日本旅游的过程中佩戴，使其能在旅行中很好地传播北京形象。

3. 电视传播

与日本电视台合拍电视节目，如北京旅游纪录片。1979年，日本NHK与CCTV合作拍摄的《丝绸之路》在日本播出后，在日本引起巨大反响，对之后的中国旅游热起到了很大作用。此后，NHK与中国合拍或独立拍摄了大量与中国相关的纪录片，如《话说长江》《话说运河》《望长城》《故宫》《中华文明5000年》《新丝绸之路》《关口知宏之中国铁道大纪行》等，成为日本民众了解中国的最直观的渠道和途径。

4. 借助国家资源传播

利用我国在日本设立的孔子学院、签证申请服务中心、企业海外办事机构、旅行社驻外机构等资源进行传播。

第六节　新技术、新媒体、新形象——北京旅游形象在英国的推广传播方案

彭诗茗　韩禹文　王琛琛　王多槐　张聪慧[①]

一、方案背景

作为我国的首都，北京拥有无可争议的集经济、政治和文化于一体的综

---

① 彭诗茗、韩禹文、王琛琛、王多槐、张聪慧，北京第二外国语学院旅游管理学院。

合实力。在"十二五"期间，北京着眼于建设世界特色城市，即在发展经济的同时，重视生态环境建设及城市治理能力的提升，并不断提高科技创新水平和增强文化软实力。"十二五"期间北京入境旅游总体表现低迷（见表2-28），北京入境旅游人次和旅游外汇收入都在逐年下降，处于负增长状态，但整体下降幅正在不断缩小中，尤其在2014年至2015年之间表现尤为明显。

表2-28 "十二五"期间北京入境旅游情况

年份	入境旅游（万人次）	比上年增长（%）	旅游外汇（万美元）	比上年增长（%）
2011	520.4	6.2	541600	7.4
2012	500.9	-3.7	514900	-4.9
2013	450.1	-10.1	479468	-6.9
2014	427.5	-5.0	460770	-3.9
2015	420.0	-1.8	460000	-0.2

数据来源：《北京统计年鉴》（2015）

北京入境旅游市场的地理集中度较高，亚洲主要集中在日本、韩国和中国港澳台地区，亚洲以外主要集中于北美和欧洲的德国、英国和法国等国家。2016年的1至8月，除新加坡、加拿大和澳大利亚的游客人次增长比率大以外，港澳台、日韩和欧洲的游客增长量依然呈负增长，表现低迷（见表2-29）。

表2-29 2016年1—8月入境旅游者情况

国别（地区）	2016年1—8月	同比增长（%）
港澳台	408421	-1.4
日本	160328	-5.5
韩国	258341	-4.3
马来西亚	44177	-2.5
新加坡	71430	5.7
英国	118154	11.8
法国	87292	-11.3

续表

国别（地区）	2016年1—8月	同比增长（%）
德　国	137 939	−1.1
俄罗斯	58 443	−8.4
美　国	475 207	2.4
加拿大	95 570	14.1
澳大利亚	88 554	9.5
其他国家	699 119	−3.7
合　计	2 702 975	−1.0

注：入境旅游者人数包括星级饭店、非星级饭店及非住宿设施接待入境住宿者人数。

资料来源：摘自北京统计信息网"入境旅游者情况"

在主要客源市场方面，北京在每块区域所树立的形象都有所差异，因此根据一级市场为核心、二级市场为主导、机会市场为辅助开发的原则，需针对不同的市场特点进行分级开发。北京市入境旅游客源市场的开发目标层次划分为：一级客源市场为港澳台、日本、美国、韩国；二级客源市场为西欧国家、东南亚国家；其余为机会市场。首先，日韩因与我国历史渊源深远，对我国传统文化有较多的了解，因此，日韩游客来京旅游较多；其次，北美市场对北京的印象就是神秘的东方古都，北美市场对北京悠久而灿烂的历史文化有极强的兴趣，而北京迅猛的发展也让他们感到震撼，因此北京对他们有很强的吸引力；最后是欧洲市场，主要集中在英法德这三个国家，一直以来，由于距离远、宣传促销不足以及文化差异等方面的原因，欧洲游客到华旅游的比例较低，因此北京入境旅游在开拓欧洲市场时，必须要用鲜活而有内涵的形象打动欧洲游客，用生动的旅游口号吸引他们的注意力。

英国是我国实施"一带一路"战略所涉及的国家，与我国在经济、政治、科技等方面有较多的合作，无论是官方还是民间，中英之间的联系一直非常紧密。2014年1—9月，英国人出境旅游4784万人，同比增长3%，英国出境旅游保持了稳定的增长。但遗憾的是，来中国的英国游客仅占其出境旅游人数的0.92%，这与中国所处的旅游资源大国地位极不相称。数据显示，英国旅游者在华旅游期间的花费平均值是1700美元左右，而2013年度入境外国人的平均花费是225.96美元，英国旅游者的花费是入境外国人平均消费水平的 7.5 倍，可以说英国是一个拥有较高购买力的旅游客源市场。此外，2016 年英国脱欧，不断看涨的英镑增加了英国人来华旅游的可能性与消费潜力。因此，北京想要发展入境旅游，英国必将是潜力巨大的目标市场，这也是我们选择英国这个客源国进行北京旅游形象传播方案设计的原因。

二、北京旅游形象

北京旅游业的发展总体目标是把北京建设成为国内外旅游者首选之地、国际一流旅游名城。目前，北京力推的形象是多元化的旅游目的地形象，开发的重点是努力形成满足多元化消费需求的旅游产品体系，即巩固、提升传统观光旅游，大力发展都市、乡村旅游，积极推进会议奖励、商务旅游。北京市旅游主体功能定位为以文化观光类旅游为根本，加快商务、会展类旅游及其他专项旅游产品的开发。在国际旅游市场上，中国最富吸引力的元素就是悠久的东方文化和巨大的建设成就，而这两者正好是北京的优势和特色所在。

北京的历史形象有：文化、古建筑、长城、胡同、古韵北京等，现代形象有：奥运北京、APEC 等国际会议、美食等。英国游客普遍对北京深厚的历史文化拥有极大的兴趣，因此针对英国游客的特性所设计的旅游口号为：Historic City, Fantastic Beijing（历史名城，精彩北京）。这一口号力求彰显北京悠久的历史，同时体现北京现代与历史融合、科技与文化碰撞的新形象，向英国展现北京独有的城市风格——深厚的历史文化与发达的现代文明和谐共存。

三、媒体传播手段

根据媒体的传播方式可以将其分为传统媒体和新媒体。

传统媒体主要包括：

广播电视、书报杂志、节事会展、灯箱广告、明星宣传、邮品音像、推介会、平面广告等。

新媒体主要包括：

社交媒体。社交媒体是人们用来提出、分享、交流意见、观点及经验的虚拟社区和网络平台。社交媒体和一般的社会大众媒体最显著的不同是，让用户享有更多的选择权利和编辑能力，自行集结成某种阅听社群，并通过多种不同的形式来呈现文本、图像、音乐和视频等，为受众提供交流、互动、联系等服务。英国流行的社交媒体有 WHATSAPP、MYSPACE、Facebook（脸书）、Twitter（推特）等。

播客。播客是指通过网络平台，将自我录制的视频节目进行发布的人。部分较为成功的播客也被称为"网红"，他们通过自媒体的方式展现自己独特的生活方式、表达自己的观点，并拥有众多粉丝，获得较大关注度。

移动数字媒体。公交移动电视、地铁视频、超市卖场视频等移动数字媒体具有"强迫收视"的特点。移动数字媒体有媒体效应与价值，在一定的时间范围内也具备一定的生命力，当属新媒体之列。

知识共享社区。知识共享社区是新型虚拟化网络社区，实现知识共享、经验共享、信息共享三位一体的跨文化沟通平台。其中以百度知乎、豆瓣、维基百科为典型代表，其在线评论平台可以为用户提供相对真实可靠的信息。

近年来，新媒体传播以其传播速度快、扩散性强、不受时空限制、终端普及率高等特点迅速成为了传播的又一主要手段。结合传统媒体和新媒体的特点及受众群体，北京旅游形象传播需要将不同的传播媒介进行恰当的组合，选择多个传播媒介同时进行推广，这不仅可以扩大宣传的覆盖面，还保证了传播的效果。

四、客源市场细分及推广方案

把英国客源市场细分为商务游客、中青年游客、青少年游客以及老年游客四个部分，分别针对各个细分市场提出推广方案。

（一）商务旅游市场

商务旅游是发展最快的旅游类别之一，从其规模和发展看，已成为世界旅游市场的重要组成部分，而且仍有巨大的发展潜力。北京作为中国的政治、文化、外交中心，商务旅游是其旅游市场上发展最为成熟的旅游成分。据统计，来京英国游客当中，商务游客占比最大，达到23.4%，获得的收入占总收入的60.2%，商务旅游已经成为北京旅游经济增长的重要支撑点。

活动受众：商务游客

产品设计："会展旅游＋奖励旅游"——在政府层面，北京和英国相关城市的旅游局大力合作，推动区域旅游业的合作发展。通过签订合作备忘录，并每年定期在北京或者英国举办旅游论坛等方式相互输送客源，推行旅游签证便利化政策，优化旅游立法与交通，推广旅游目的地及其旅游产品，加强旅游企业之间的合作、宣传。事实上，北京的会展旅游发展很大程度上依靠政府与国内外民间旅游机构的会议、论坛、展览的成功举办。

首先，在企业层面，北京市旅游局应完善签证政策、入境政策等，积极推动奖励旅游的发展。通过加强在京企业与英国分公司或总公司的联系，鼓励英国企业员工及家属到京旅游。其次，承办奖励旅游的旅游机构在设计奖励旅游产品时，应在结合公司企业文化的前提下，针对旅游偏好不同的员工及家属推出定制、自选式、多元化旅游产品。针对家庭出游的英国员工，可安排参观一些远离市中心的旅游景点如京东大峡谷、北京八达岭国家森林公园等踏青地，创造一种轻松、休闲的家庭旅游氛围。

传播手段：会展、论坛项目推广+网络媒体推介

（二）青少年旅游市场

近年来，占英国总人口16.7%的青少年开始踏出国门进行游学旅游。在亚洲多国中，中国古都北京凭借其丰厚的文化底蕴、多样的教育资源及现代化的教育理念成为了大多数青少年的首选。同时，在庞大且逐步增长的北京入境旅游市场中，游学旅游已成为继商务旅游、观光旅游后的新增长点。

活动受众：英国知名高校青少年学生

产品设计：举办"2016北京游学旅游推介会"——北京旅游机构、企业代表、北京市教育局代表在英国知名高校（不同学院）、旅游展等全方位展示北京游学旅游资源，推介针对青少年不同需求的游学旅游产品，打造"北大、清华+"模式的多元化游学项目。在参观北大、清华的基础上，针对不同需求的英国青少年安排特色旅游参观线路。如针对英国传媒专业的学生，可安排参观北京知名传媒企业或机构（如：CCTV及北京电视台等）、北京798创意园区、中国传媒大学等；针对艺术专业的学生，可安排参观北京艺术博物馆、画廊、北京歌剧院等；针对理工专业的学生，可安排参观清华实验室、工业园区等。在参加北京游学项目主体项目——在北大、清华参观、体验时，可以结合学校独特的地理优势安排活动，如参观学校周边的圆明园、颐和园、香山等旅游景点。游学项目为学生提供了国际化的跨文化体验式学习。在北

京的游学项目中，加入戏剧欣赏、博物馆参观、品茶、体育赛事等特色课程或活动，使项目的内容更丰富多彩，加深学生对北京文化的了解，同时拉动较为冷门旅游景点（如博物馆、艺术馆、创意园区等）的发展。

传播手段：传统教育推介会＋网络媒体推介

①在英国知名高校、学院、旅游展等举办游学项目推介会，派发北京游学旅游产品的宣传材料，如宣传手册、光盘等，并在英国中心城区投放以游学为主题的旅游车体广告。

②社交网络宣传。建立北京游学旅游的官方英文网站，加大与英国不同地区教育部门、旅游组织的合作，在英国青少年常用的 Facebook（脸书）、Twitter（推特）、Pinterest、Youtube、Instagram 等社交工具上进行网络宣传和项目推广。

③校友网络、电子期刊等宣传。英国高校非常重视校友的联络工作，经常会定期给校友寄送学校最新的期刊等材料。重视校友网络的建设，搭建起与校友的沟通联络平台和渠道，将游学项目在校友中宣传，会吸引不少英国青少年学生参加。

④针对对汉语文化感兴趣的青少年设计具有中国传统文化特色的旅游产品并大力推广。

（三）老年人旅游市场

英国是世界上较早进入老龄化社会的国家，有专家预测，到2050年，英国65岁以上人口将占人口总数的30.7%，英国老年人口将迎来高峰。同时，从近年的新闻报道和相关调查可以看出，英国老年人的退休生活十分丰富，他们不安于平静的老年生活，更喜欢通过旅游的方式去感受新事物。

活动受众：英国退休老年人

产品设计：针对老年人的特点，结合中国传统养生文化，设计"中医药养生旅游"。该旅游项目可以从两个方面入手：一是依托中医药文化、医疗康体服务等，举办中医学习、体验活动，让英国的老年人有机会了解中医文化，并切身参与体验中医药养生保健服务，例如针灸、推拿、药浴、拔罐等；二是依托各类旅游景区（如森林公园、旅游度假村等）推出中药采集、药膳制作、太极拳学习等活动，使老年游客在参与体验的同时，也能修身养性、康体保健。

传播手段：以社区宣传为主，其他传统媒体宣传为辅

①社区宣传。英国的社区建设比较完善，老年人生活以社区为中心，因此，在社区中进行北京旅游形象及中医养生旅游产品的推广更适合英国的老年人。例如可以通过社区广告、免费文艺演出、中医体验活动等形式进行宣传。

②报纸杂志宣传。相对于电视、网络等新兴媒体，英国的老年人更喜欢读报看杂志。因此，针对老年市场，应该更多的使用报纸杂志这类传统宣传方式进行旅游产品推广。

③与旅行社合作。由于老年人对新兴社交媒体运用的不熟练以及一定程度的信息不对称，在旅游目的地线路及产品的选择上会出现较大的偏差。旅行社应当了解、把握老年人的具体需求，更具针对性地对老年旅行团队产品进行宣传。

（四）中青年旅游市场

中青年旅游市场是所有游客群体中最大的一个市场，不仅覆盖的年龄层次广，而且游客鉴赏力和生活习惯都不尽相同。在设计北京旅游形象传播方案时，关键是抓住他们生活、休闲方式的共同点，将传统的宣传方式与现代新兴的传播途径相结合，吸引不同需求与特征的游客。

1. 全球征集活动

在进行北京旅游形象的对外传播时，可在英国社交网站上开展以北京形象、北京印象等为主题的线上征集互动活动。一方面，通过这种方式能促使对北京旅游形象有独到见解的参与者更加深入地、多角度地了解北京；另一方面，线上互动活动能调动大量潜在游客与英国新闻界的关注。活动的本身就是对北京形象的一种传播，征集的结果也可以投入新一轮的传播活动中。

这类互动活动内容包括著名景区印象语录征集、北京旅游体验分享、微视频征集、主题曲征集、北京旅游形象 Logo 设计、吉祥物征集等，还可以让英国人描绘他们心中最感兴趣的北京景点，制作英国人"专属"的"北京十大旅游目的地排行榜"等。此外，还可以与英国摄影师协会或线上摄影交流平台合作，进行北京主题摄影展及评选活动等。

2. VR 虚拟技术

虚拟现实 VR（Virtual Reality）是近两年异军突起的"黑科技"，从 1935 年斯坦利·温鲍姆首次在小说中描述 VR 眼镜，到如今 PC 头盔、VR 分体机以及 VR 一体机的相继问世，VR 自身已从虚拟走向现实。在英国等欧美国家，VR、AR、MR 技术已经广泛应用于日常生活中，并日益受到人们的关注。

运用以 VR 技术为首的 3R 技术进行北京形象传播，具体可通过以下几种方式：

（1）制作 VR 版北京旅游宣传视频

通过在英国主要城市举办科技展、旅游会展等展会进行发布，方便与会者体验过去与现在、虚拟又现实的北京；也可以利用英国公园中现有的 VR 体验亭，进行常态化的北京形象展示与体验；此外，对于拥有 VR 播放设备的人群，可以直接通过英国热门网站发布免费 VR 资源，提供个人专属北京旅游预体验服务。

（2）制作 VR 游戏

当前，VR 与日常生活接触最紧密的领域就是游戏。可以与 VR 技术公司或英国著名游戏公司进行合作，制作以北京为故事发生地、游戏地图或蕴含北京标志形象及文化符号的虚拟游戏，激发英国人对北京的好奇心，提高其兴趣感与关注度。

（3）开发类 AR 游戏

2015 年 9 月由任天堂发行的《口袋妖怪 GO》在全球范围掀起了一阵狂潮。玩家可以通过智能手机在现实世界里发现精灵，进行抓捕和战斗。该游戏甚至改变了许多人的生活习惯，使得许多原本足不出户的儿童、青少年乃至中老年人在街头游荡，搜寻精灵。北京可以通过与该游戏合作，开放北京地图或增加地区奖励，吸引广大英国游戏迷来京旅游。同时，可设计、研发北京自身的此类 AR 软件，通过智能手机在各景区进行寻宝探秘、签到盖章等各种活动，提高北京旅游的参与性与娱乐程度。

3. 名人效应

利用名人为北京旅游形象进行宣传。一方面，可通过在欧美国家有较大影响力的明星的代言、充当形象大使等传统手段，进行官方的、覆盖范围广的传播与宣传。另一方面，可以充分利用英国网红，进行侧面的、个性化的、认同感更强的推广与宣传。

具体操作方面，可邀请英国知名主播来京，直播其北京之旅，为观众树立直观、有趣的北京形象；也可以请关注度高的英国旅游博主前来体验北京之旅，进而发布适宜英国人的北京旅游特辑，向英国大众提供更具针对性与操作性的旅游信息、温馨提示与旅游亮点，还可以通过征集英国播客的北京旅游视频，从个人视角展现每个人心中不一样的北京。

4. 影视节目

塑造、丰富城市的形象仅仅靠一部宣传片、一本宣传画册是远远不够的，而日常化的影视节目对城市的多方位展示，将大大有利于北京形象的丰富。

电影、电视剧。从《非诚勿扰》的北海道，到《阿凡达》的张家界，影视剧无数次在旅游地的形象推广中起到令人瞩目的效果。在北京形象传播中，我们可以通过合作或邀请，欢迎英国演员或剧组来京拍摄，通过荧幕将北京风情、北京故事传达给观众，并通过剧组宣传、明星Twitter动态等侧面丰富北京的面貌与形象。

综艺节目。不管是《爸爸去哪儿》对武隆的形象传播，还是《花样姐姐》播映后土耳其旅游线路的大热，综艺节目对旅游地的推动作用令人惊叹。北京电视台可以与英国当地电视台等媒体进行合作，互相开辟综艺节目海外分会场，让人们在娱乐中了解北京。此外，还可以效仿《城市之间》《中美舞林争霸》等进行北京与伦敦等英国城市的趣味对抗赛，包括趣味体育、水上竞技、音乐、舞蹈、民间绝活等多种主题与形式，轮换比赛场地，不仅吸引忠实观众来京观看比赛，更加从多种文化层面丰富北京的形象与魅力。

旅拍造势。北京在英国进行宣传时，可以组建一支庞大的拍摄队伍，在英国地方政府、企业、社区进行推介会、合作和联谊，通过不断发布的新闻持续造势，并为宣传活动与旅程本身制作纪录片。同时建立博客、Twitter等自媒体平台，时时发布宣传进程、旅行趣事，并与关注者进行互动。最后于行程结束后形成文集、游记等形式的书籍，与纪录片联合发行，形成传播效果的联动，扩大北京知名度与关注度。

5. 3D 打印技术

中国现已成为世界旅游大国，旅游业对促进国内地域经济起着重要作用。现代旅游不是简单的游览名胜古迹，而是形成一套具有规模的产业链，着力打造旅游品牌以及旅游文化，对于旅游目的地的经济、文化发展都是有利的，而开发与设计旅游纪念品则成为打造旅游文化的关键。3D 打印机通过打印帮助设计者制作具有个性化和创造力的 3D 产品，最新 3D 打印、三维立体扫描、多媒体互动等技术，让游客近距离感受 3D 打印技术神奇的同时，还可以让游客充分享受到个性化纪念品制作所带来的乐趣。宣传时，可通过 3D 打印旅游纪念品体验、3D 纪念品设计大赛、3D 旅游纪念品展等形式吸引英国游客，更多的则是以这种形式丰富北京旅游形象中创意、创新、绿色等现代化的一面。

6. 其他传播方式

中国文化艺术节。组织中国的艺术家，如书画家、民俗艺术家、戏剧家等，在英国举办一些艺术展览和文艺演出，让人们通过欣赏中国、北京的书画、艺术品、民族服饰、特色演出等，通过神秘的中华文化与传奇的民间艺术带给人心灵上的震撼，也从艺术、民间技艺等方面增强北京形象的层次感。

文物展和工艺品展。中国博物馆可以与英国博物馆进行合作，将我国文物在英国当地进行展出，届时邀请一些名人出席，通过活动造势与展品本身的魅力，传播北京的历史文化与旅游形象。

旅行社和旅游电商。邀请英国旅行社通过实际踩线，设计旅游产品，或者在外寻找产品供应商，提供包括传统长城、故宫线等在内的多样化的路线吸引游客来北京旅游。此外，与覆盖范围更广、可进入性更强、更加受到当今人们欢迎的英国电商进行洽谈与合作，推出更加多样化、个性化的旅游线路。根据外汇变动、游客兴趣、季节变化等推出各具针对性的不同优惠方案等，从多样化分销渠道的方式推广北京旅游形象与旅游产品。

五、结语

针对潜力巨大的英国市场，北京应放开眼界，形成旅游部门与文化、宣传等多部门的通力合作，从中国文化的缩影与代表的角度塑造开放性的北京形象。以"Historic City, Fantastic Beijing"为口号，根据细分市场的不同特点，以新媒体、VR、3D打印等新技术为基础，以休闲、体验、互动共享等新概念为指导，进行北京形象的立体传播，吸引广大的英国游客了解北京、关注北京、亲临北京，以旅游推动北京的形象传播与全面发展。

第七节　北京旅游形象在东欧地区的传播方案
——以匈牙利为例

黄伟　张劲丽[①]

一、方案背景

2013年9月，中国国家主席习近平提出共建"丝绸之路经济带"和"21世纪海上丝绸之路"的重大倡议，欲形成欧亚大陆经济整合的大趋势，得到国际社会的高度关注。

中东欧国家地处"一带一路"沿线的重要区域，是丝绸之路经济带的腹地，在所有的65个沿线国家中，中东欧国家占了1/4的数量，在"一带一路"建设中扮演着重要角色。不同于已经相当发达的西欧国家，中东欧这片欧洲大陆的"发展中国家"发展仍然有很大的潜力。大部分国家政局稳定，人民富足，是中国入境旅游的潜力市场。

但是由北京市旅游发展委员会公布的《北京主要客源国来京统计数据》却不尽如人意，北京的入境游客持续下降，已由2011年的520.4万人次减少至2015年的420万人次，欧洲游客也已经由2011年的128.8万人次减少至2015年的106.9万人次（见图2-36）。除了两地交通不便、国际金融危机使得大部分国家居民在消费方面比较谨慎保守、人民币升值以及北京雾霾天气

---

① 黄伟，北京第二外国语学院酒店管理学院；张劲丽，北京第二外国语学院旅游管理学院。

等客观因素之外，北京的旅游形象推广体系不够完善、旅游营销不足也导致了中东欧地区的旅游市场潜力没有得到充分挖掘。虽说近年来，两地也将旅游合作提上重要议事日程，先后成立了中国—中东欧国家旅游促进机构和旅游企业联合会协调中心，启动2015年"中国—中东欧旅游合作促进年"，达到了一定的宣传效果，但提升的空间依旧很大。（据中方统计，2014年，匈牙利来华旅游人数2.08万人次，同比增长11.3%）

我们有理由相信，在中东欧国家推出个性化定制的北京旅游形象与实施精准营销后，中东欧地区必将成为北京入境旅游市场的重要增长极。因此本文以匈牙利为例（主要原因如下），构思北京在匈牙利的旅游形象传播方案，以期能为执政者提供一些形象传播的新思路。

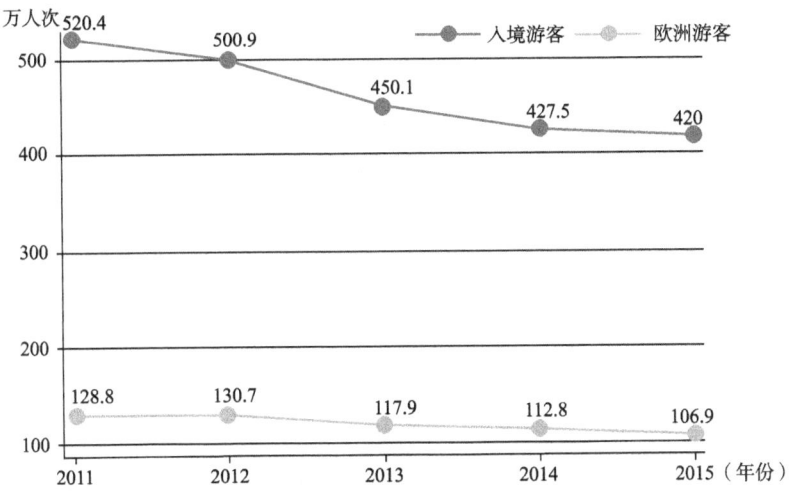

图2-36　2011—2015年来京入境游客与欧洲游客规模

数据来源：北京市旅游发展委员会网站

（一）核心地理位置

匈牙利地处欧洲心脏，国土面积93 030平方公里（世界107位，与浙江省的面积类似）。截止到2014年1月，全国总人口987.9万人，人口密度106.2人/平方公里（2014年北京市常住人口2 151.6万人，密度为1 311人/平方公里）。

匈牙利是欧洲交通网络枢纽之一，现有机场 43 个，其中国际机场 5 个。2014 年，匈牙利最大的机场李斯特·费伦茨机场旅客吞吐量达 915.5 万人次。同时 7 条高速公路和 5 条铁路线直通周边 7 国。以布达佩斯为中心的 1000 公里范围内，可以覆盖 2.5 亿人口的市场，同时可以进入具有 5 亿人口的欧盟市场。从匈牙利到周边欧盟国家的距离，被称为"三小时欧盟圈"。便利的交通和齐全的配套设施可以使北京在匈牙利的形象传播影响到整个欧洲市场。

（二）人均 GDP 具有代表性

匈牙利是一个发达的资本主义国家，人均生活水平较高。自东欧剧变后，匈牙利经济高速发展，后加入欧盟和北约。到 2012 年，匈牙利的人均国内生产总值已经达到中等发达国家水平，经济发展水平在中东欧地区位居前列。

2015 年，中东欧十六国的国内生产总值 13512.62 亿美元，人口 12003.4 万（占世界总人口的 1.7%），人均 GDP 为 11258 美元。匈牙利 GDP 增速一直表现稳定，2015 年匈牙利的人均 GDP 为 1.23 万美元（见图 2-37），与中东欧的人均 GDP 相差不大。

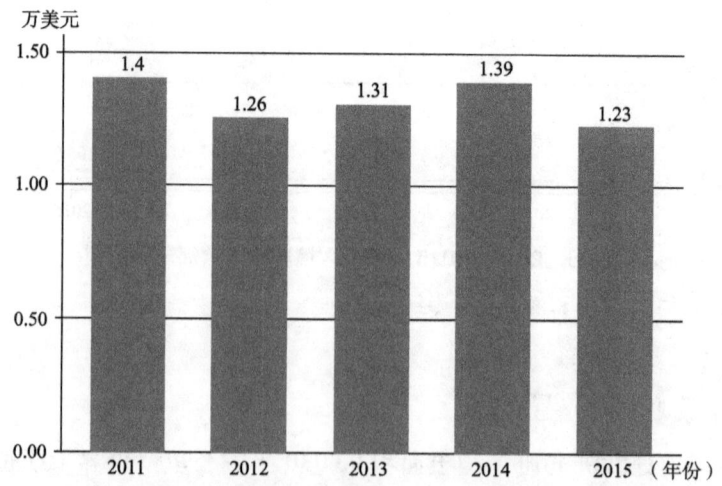

图 2-37　2011—2015 年匈牙利人均 GDP

数据来源：新浪财经·全球宏观经济数据

(三) 在"一带一路"战略中具有引领作用

2012年中国、中东欧国家领导人会晤在波兰华沙举行,此次会议很大程度上被视为是中国、中东欧国家"16+1合作"的开局之年,从而也为双方在随后的"一带一路"合作打下坚实的基础。但事实上,匈牙利早在此之前就做了一系列扎实的工作,2011年中国、中东欧国家经贸合作论坛即在匈牙利布达佩斯首次召开,经贸合作论坛是主打项目之一。从这一点来说,是匈牙利为中国和中东欧国家合作开了个好头。

此外,中国和中东欧合作的最重要的协调机构中国、中东欧国家旅游促进机构及企业联合会协调中心设在匈牙利的布达佩斯。该协调中心能够落户匈牙利也是实至名归,因为它是中国在中东欧国家的主要旅游目的国,且在推动旅游合作上匈牙利发挥了诸多积极的作用。为配合"一带一路"战略在中东欧的开展,中国和匈牙利于2015年5月1日开通了直航。匈牙利还是欧洲国家中第一个与我国签署"一带一路"合作备忘录的国家。可见匈牙利在很多方面走在了中东欧国家的前面。

(四) 旅游业发达

匈牙利旅游资源丰富,千年的文化、优美的风景和丰富多彩的音乐、舞蹈等文化生活以及匈牙利美食、8处世界文化遗产等众多亮点使得匈牙利成为旅游大国。全国有8处遗迹被联合国列入《世界遗产名录》,另外还有9处国家公园。主要旅游景点有布达佩斯(坐落在多瑙河畔,是欧洲著名的古城,被誉为"多瑙河上的明珠")、巴拉顿湖、多瑙河湾等。此外,匈牙利的葡萄酒历史悠久,以酒味醇香而闻名于世。

旅游业如今已经成为匈牙利的重要外汇来源之一和匈牙利的主要经济增长引擎,在GDP中占比超过9%。

二、北京旅游形象在匈牙利的传播方案

在定制北京旅游形象传播方案时,本文另辟蹊径,以探寻中东欧地区与北京的相关性为主线,以时间为故事脉络,以"缘"为核心,以每个客源地为单位,实施故事营销,制定出个性化的北京形象传播方案,使游客在接触

到北京旅游形象时，能够对北京的认同感从形同陌路慢慢变成难解难分，拉近与游客之间的心理距离，进而达到心动不如行动的效果，选择来到中国感受北京、体验北京。下面以匈牙利为例说明北京旅游形象在中东欧地区的传播方案。

北京在匈牙利的旅游形象定位："京"生情缘，"匈"中有爱。

（一）外传篇：追祖溯源，匈族匈奴血缘几何？

西汉时期，有一支武力强大的游牧民族匈奴，骁勇善战，居无定所，终日以马背为生，屡次进犯边境，对西汉政权造成极大威胁，一时间控制住了整个西域地区，后被西汉武帝所败，部族分裂，其中有一分支部族西匈奴则一路向西远赴顿河，踏上了漫长的征程。300年后，公元374年，西匈奴势如破竹一举拿下顿河的阿兰国，并且乘胜追击，横扫东西哥特、东罗马帝国，一路杀到了今中欧的喀尔巴阡盆地，并在布达佩斯建立匈奴帝国。在之后，便有了让整个欧洲都闻风丧胆的"上帝之鞭"阿提拉，在他的带领下，帝国盛极一时。然而在阿提拉暴卒之后，帝国迅速土崩瓦解，犹如一闪而过的彗星，从此退出了欧洲历史的舞台，这支改写欧洲历史、推动整个欧洲民族迁徙、融合的部族就这样神秘地消失在历史中，成为一个永久的谜题。几个世纪之后，另一支来自东方的马扎儿部落，长途跋涉来到匈牙利，建立了匈牙利王国，这也是如今匈牙利的雏形。然而那支给欧洲留下深刻烙印的匈奴部落和现在的匈牙利人有着怎样的联系？匈牙利民族和来自遥远东方的民族之间又有着怎样的血缘关系？这一切仍然是一个未解之谜。

（二）第一章《缘起》：史诗对决，骑士的荣誉与覆灭

匈奴入侵欧洲800年后，来自遥远东方的蒙古人重新登上了欧洲历史的舞台。公元1241年，在成吉思汗后代拔都和速不台的带领下，蒙古人发挥机动优势和卓越的战术指挥，势如破竹一路重挫波兰人、日耳曼人和奥地利人，在布达佩斯与匈牙利国王贝拉集结的10万骑兵大军正面相遇。一边是横扫东欧、作战能力突出、机动灵活的蒙古轻骑兵，一边是人数占据明显优势、久经沙场、装备优越的精锐匈牙利骑兵，在这场总参战人数达20万的史诗对决中，蒙古骑兵人数占据劣势，但是却充分发挥机动性和战术优势，利用弓箭和围歼包围战术对匈牙利骑兵进行围剿，匈牙利骑兵浴血奋战，数次突围，

然而最终由于腹背受敌和战术上的失策而大败，匈牙利最终也被蒙古人完全控制。然而也许是历史机缘巧合，就在蒙古大军厉兵秣马准备进攻西欧各国时，蒙古大汗窝阔台突然病逝，蒙古大军开始撤出欧洲，在这之后，在大都（即北京）建立了元朝，开启了繁盛时期。这支给整个欧洲带来腥风血雨的大军在匈牙利的史诗决战也成为了其带给欧洲的最后记忆。

支撑产品：东方文化线（寻根问祖线）

诚如古人所言："幽州之地，左环沧海，右拥太行，北枕居庸，南襟河济，诚天府之国。""建筑是凝固的历史"。北京在历史上曾为六朝古都，历史悠久，文化灿烂，3060年的建城史孕育了众多名胜古迹。

主要吸引物有：故宫、天坛、长城（抵御匈奴入侵中原）、颐和园、圆明园、后海、北海等皇家园林、蒙古人（元朝）大都遗址，以及内蒙古匈奴文化博物馆等。

（三）第二章《缘续》：坚定战友，匈中友谊地久天长

进入近代，有一首诗曾被亿万中国人熟知："生命诚可贵，爱情价更高；若为自由故，二者皆可抛！"有一句名言鼓舞了无数青年："真的猛士，敢于直面惨淡的人生，敢于正视淋漓的鲜血。"裴多菲的战斗精神和对自由的追求让鲁迅深受感染，鼓舞了几代人为理想和自由而战斗；因为鲁迅，让裴多菲的诗歌作品和思想在中国得以传播，得以让匈牙利文化被中国人民所了解。裴多菲与鲁迅，两人都以诗为力量，用笔做武器去战斗，用一腔赤诚热血感染了无数中匈青年，虽然素未相逢，但却成为了跨越国家和时代的坚定战友。

到了新中国成立初期，此时的新中国处于被西方资本主义国家外交封锁的境地，外交形势严峻，在这样的情况下，新中国成立三天后即10月4号匈牙利便宣布承认中华人民共和国，10月6日与新中国正式建立了外交关系，匈牙利是最早承认新中国的国家之一。在这之后，中匈外交往来密切，1957年周恩来总理访匈，同年10月，匈牙利总理卡达尔率政府代表团访华并发表联合声明，卡达尔与毛泽东等中国国家领导人在天安门城楼亲切交谈、观看阅兵式和焰火表演也成为了中国外交史上值得铭记的一幕。在这之后中国人民的老朋友卡达尔又数次访华，在中南海、长城、故宫都留下了足迹，这也是中匈友谊的珍贵记忆。80年代后，中匈外交往来更加密切，合作领域不断扩大，中匈友谊也成为了当时国际外交友好的代表，并留下了"中匈友谊像

多瑙河和长江一样日夜奔流"这样的经典语录,足以见得中国与匈牙利之间深厚的友谊。北京作为重要地点,也承载了许多中匈友好的历史记忆。

支撑产品:红色情结线(峥嵘岁月线)

北京作为中国的首都和重要的革命历史名城,红色旅游资源数量众多、类型丰富、分布广泛,拥有特殊的发展红色旅游的优势,目前已经有100个景区获评北京市红色旅游景区,红色旅游正在成为北京旅游的生力军。红色遗迹虽已物是人非,但却可以让我们用心重温那段峥嵘岁月;每一处,都会让我们回忆起那段可歌可泣的红色岁月……

主要吸引物有:天安门广场、毛主席纪念堂、中国国家博物馆、中国军事博物馆、中华世纪坛、卢沟桥、新文化运动纪念馆、鲁迅纪念馆、李大钊故居等。

(四)第三章《缘定》:继往开来,"一带一路"再谱新章

随着"一带一路"重大战略的提出,在其带动下,作为陆上丝绸之路的重要沿线国家,中东欧地区国家和中国关系业已翻开全新篇章。2015年6月6日,中国外交部部长王毅同匈牙利外交与对外经济部部长西亚尔托签署了《中华人民共和国政府和匈牙利政府关于共同推进丝绸之路经济带和21世纪海上丝绸之路建设的谅解备忘录》,这是中国同欧洲国家签署的第一个此类合作文件,匈牙利成为首个走上"一带一路"舞台的欧洲国家。中国在匈牙利的"一带一路"工程集中在中欧陆海快线上,匈塞铁路已于2015年年底动工,它是中欧陆海快线建设中的关键一环。中国和中东欧合作的最重要协调机构中国、中东欧国家旅游促进机构及企业联合会协调中心也设在布达佩斯。同时,两国双边经贸往来也日益密切,众多中国企业搭上"一带一路"快车投资匈牙利,这也极大地促进了匈牙利的就业和经贸发展。双方贸易的良好基础以及中匈两国深厚的友谊将会对中匈企业间的互利合作产生重要影响,由此可以展望,在"一带一路"的战略下,匈中经贸等合作领域将会迎来新的发展契机。

匈牙利也是中东欧地区中资机构、华商、华侨、华人最集中的国家,两国人民有着天然的亲近感,这也有助于民心相通。"一带一路"战略下中匈的文化交流也日益加深,匈牙利掀起了汉语学习热,匈牙利人民对于中国传统文化以及汉语有着非同寻常的学习热情。匈牙利是欧洲国家中最具"东方特色"的民族,比如匈牙利人的名字跟东方人一样是姓在前名在后,而不像欧

洲大部分国家先呼名后道姓；匈牙利的传统音乐中，也有五音节律，与中国的民族音乐有相同之处；匈牙利的饮食与其他欧洲菜系不同，与中式烹饪较为接近，是最接近亚洲饮食的。这些让中匈人民有着更强的认同感，中匈旅游合作也将会掀开新的篇章。

支撑产品："京"津有味线（北京生活线）

清晨老北京的静谧、北京老胡同里满院子盛开的月季、长安街的玉兰花、四合院的市井生活……这些浓厚的老北京味儿气息总是美得一塌糊涂，美得让人窒息。夜晚是新北京的喧嚣，如今的北京已经不再是电影《老炮儿》中的四九城，那些以"六爷"为代表的老北京人也正在渐渐淡出人们的视线，处处皆文化的老北京正在渐渐只存在于人们的记忆里，灯火璀璨、人声喧嚣的现代都市逐渐崛起。

老北京主要吸引物有：南锣古巷、什刹海、前门特色胡同和四合院建筑、京剧等。新北京主要吸引物有：奥林匹克公园、中关村、王府井、CBD商圈等。

三、实施策略

在制定出一个完美的旅游形象之后，如何使它能够让游客一触及就印象深刻、过目不忘，产生想要到此一游的冲动，此时就需要为旅游形象设计一个有效的展现方式将它传递给游客，再寻找一个能让其广泛进入游客视野的媒介，二者相辅相成，缺一不可，才能塑造为成功的典型。下面以匈牙利为例说明北京旅游形象在匈牙利的传播策略。

在匈牙利的主题形象"'京'生情缘，'匈'中有爱"之下，有四个章节来支持这一主题形象，并且每一章节的递进都会使游客的认同感加深一步。因此可以按照四个章节初步制作4集旅游微电影，有条件时也可以融入VR技术增强游客体验。至于投放市场的频率则需间隔性地进行市场投放。除了我国常用的传播策略之外，本文主要阐述两种受众广泛的传播媒介。

（一）节庆活动

每年有四季，可对应四次节庆活动，在每次节庆活动开幕式中播放对应此季的微电影。

活动名称:"京"生情缘,"匈"中有爱

春:"京"生情缘,"匈"中有爱——外传

夏:"京"生情缘,"匈"中有爱——缘起

秋:"京"生情缘,"匈"中有爱——缘续

冬:"京"生情缘,"匈"中有爱——缘定

(二)华商

匈牙利是中东欧地区华侨、华人最多的国家,约 2 万人;也是中国在中东欧地区最大的投资对象国,是中东欧地区中资机构、华商最集中的国家,有中资及华商公司 4 000 多家,遍及各个行业。这其中也不乏很多口碑良好的投资企业(见表 2-30),他们在匈牙利俨然成为了中国形象的代表。这些口碑良好的华商因与游客接触最广泛、直接,被赋予了传播旅游形象的功能。

表 2-30 匈牙利著名华商代表

序号	企业名称	行业
1	华为技术有限公司	通信设备
2	中兴通讯股份有限公司	通信设备
3	中国银行	金融
4	格林斯乐太阳能设备公司	太阳能设备
5	烟台万华集团	化工
6	山东帝豪公司	商贸物流

资料来源:中国驻匈牙利大使馆经商参处

从古至今,匈中之间总有着千丝万缕的不解之缘,历经千年,这种联系在情感上更加热烈,这种友谊经受时间历练更显牢固,这种亲近在当下复杂的国际形势下更显弥足珍贵。因此加强两国人民间的交流,通过民心相通夯实合作基础是非常有必要的,而"民心相通,旅游先行",所以加强两国间旅游往来,尤其促进匈牙利游客赴华旅游就显得十分重要。

第三篇

旅游形象传播：新技术、新媒体、新思路

第一节　景观眼动研究及应用[1]

齐振海[2]

一、语言景观定义及功能

语言景观最早出现在语言规划领域，20世纪80年代比利时和加拿大的学者最先提出了规范公共标语对形成语言领地界限重要性的看法，这些公共标语包括广告牌、道路标志、商业广告以及地名。在20世纪90年代已经有30多个国家通过相关法律来界定语言景观，包括意大利、土耳其、澳大利亚、法国、俄罗斯、墨西哥和挪威等。兰德里和布里（Landry & Bourhis）最早提出语言景观的概念：语言景观是指在某一特定区域使用的看得见的书面语言。公共场所的路牌、广告牌、街道名、地名、商店名称所使用的语言，以及政府机构上的符号构成了某一特定区域、地区或城市群的语言景观[3]。语言景观包含两个功能：信息功能和符号功能。

信息功能指语言景观可以提供某一地区语言特征、语言的社会地位、语言的多样性以及使用状况等方面的信息。语言景观重要的信息功能是它提供了一个语言社群地理界限的标志，在一个特定的地理区域内，坚持使用一种语言给多语种聚居的群落清楚地划分了语言界限。语言界限通过界定行政区域加强了统一语言内部群体的联系，在这一行政区域内语言群体通过它们自己的语言接受领导和服务，因此语言景观使群体内和群体外的成员明白了他

---

[1] 本文由赵英英根据齐振海在北京旅游形象国际整合营销与创新传播战略专家研讨会上的发言整理完善而成。赵英英，北京第二外国语学院旅游管理学院。

[2] 齐振海，北京第二外国语学院英语系教授、博士、硕导，研究方向：认知语言学、词典学。

[3] Landry R., Bourhis R Y. Linguistic Landscape and Ethnolinguistic Vitality: An Empirical Study. [J]. Journal of Language and Social Psychology, 1997, 16 (1)：23-49.

们所在区域的语言特征、地理区划和语言界限。此外，公共标识上的某种特定的语言为人们提供了一种信息：在这个范围内人们可以通过这个语言进行交流并获得服务。当一个区域内有一种语言的公共标识，却不能提供相应语言的服务，人们往往认为没有受到尊重，这种情况往往发生在多语种地区。同时，语言景观为研究者提供了研究区域的社会语言构成的信息，公共标识的单一语种、双语还是多语种是语言群体多样性的表现，哪种语言有主导地位又反映了该区域不同语言的地位。

符号功能反映语言的价值和地位，是居于主导还是从属地位，或者象征某一民族语言使用的强势与弱势状况。个体的语言是否出现在公共标识上对于个体在群体中的感受有很大的影响，在多语种地区，公共标识和最私人的领地都有自己的语言，会提高个体的价值和认同。语言的符号功能是民族认同的重要维度。在多语种地区，公共标识使用了群体内的语言代表了这个语言群体在该区域相关机构的控制力。

二、语言景观研究范畴和应用

学者对于语言学的研究范畴包括社会语言学分支范畴、人文地理研究范畴和心理学研究范畴。语言景观作为目的地人文特征的载体，是旅游活动的重要吸引物，同时也是旅游影响的客观体现。语言景观的研究可以为旅游研究和开发提供思路和素材。以人文地理学研究为例，书法和绘画是语言景观在人文地理研究中的重要范畴，而中国书法和绘画同时是境外游客对于中国很感兴趣的旅游吸引物，通过语言景观的研究范式，研究这种旅游吸引物的形成过程和特征，基于此创造更加新颖和符合旅游者特征的旅游形式。对于旅游的研究应该注入新的理论和技术。语言景观的心理学研究范畴包括眼动景观研究和近红外脑定位等，通过这种科学的研究，探讨不同客源国的游客的关注点的差异。已有研究发现中国人在观察时以对象为主，而欧美国家的游客对周边的环境关注更多，这些研究对于旅游市场的营销和旅游景观的营造有很好的指导意义。以旅游指南为例，中国的旅游指南有很多比喻、夸张等的修饰，而当把旅游指南翻译成英文的时候发现英文里却没有很多的修饰。将语言和语言文化进行有机结合，一方面发现其中的差异并且作为旅游吸引物来进行打造和提升，另一方面更好地了解目标市场的文化习惯将有助于我们的开展营销和促销。

景观眼动实验最近几年开始受到旅游学者的关注，眼动行为可以反映被试者对于视觉信息的追踪模式，对于揭示人类认知加工的信息机制具有重要的意义。20 世纪 60 年代以来，随着摄影技术、红外技术以及微电子技术的迅速发展，特别是计算机技术的运用，眼动仪的问世为相关学者提供了新颖且有效的工具。通过眼动仪我们可以较为容易地获得被试者的眼动轨迹图、热图等影像图和注视时长及次数、眼跳时长及次数、眼跳距离、瞳孔大小等眼动数据，从而可以方便地研究个体的内在信息加工过程。

三、北京旅游形象景观眼动研究实例

被试者：选择 10 名外国留学生作为被试者，其中 3 男 7 女。所有参与者裸眼视力或矫正视力正常，均为右利手。眨眼次数过多、定位时间过长以及眼动轨迹混乱的被试数据被剔除。

实验仪器：Eye-link1000 眼动追踪系统。拥有红外镜的镜像光学配置、Eye-link 摄像机。主要功能用途是跟踪眼睛的运动以及瞳孔的变化，通过考察人的眼球运动来研究人的心理活动，通过分析记录到的眼动数据来探讨眼动与人的心理活动的关系。可应用于教育心理学，交通心理学，广告心理学等方面。

实验材料：从北京市旅游发展委员会官网搜索人文图片 64 张，自然图片 16 张。

实验设计：同时呈现一类人文或者自然图片 4 张，每次呈现 10 秒，共 20 组。

实验步骤：呈现指导语→9 点矫正→呈现图片→循环 20 次→实验结束。

指标的选取：

眼动实验的测量指标大致可以分为搜索指标、加工指标和其他指标三类[①]。

搜索指标包括扫描路径、眼跳次数和眼跳距离。扫描路径是指系列注视点与眼跳的空间分布。眼跳次数指被试者在进行信息搜索过程中的眼跳的数

---

① 王明．眼动分析用于景观视觉质量评价之初探 [D]．南京大学，2011．

目,眼跳次数越大则表明被试者的搜索量越大,其所观察的图片的特征越不鲜明。眼跳距离指相邻两个注视点之间的空间距离,一般取在一段时间内的平均眼跳距离作为量化指标。如果图片特征鲜明,被试者就能直接到达目标区域,那么平均眼跳距离就大;如果图片特征不鲜明或者图片信息不具有吸引力,那么平均眼跳距离就会变小。

  加工指标包括注视次数、注视时长、感兴趣区域(AOI)。注视次数指被试者在进行信息加工过程中所形成的注视的数目,其被认为是衡量被试者对图片是否感兴趣的指标,一般注视次数多则为被试者感觉重要或较为感兴趣的部分。注视的平均时长指被试者用在每个注视点的平均时间长短,其表明被试者的认知努力程度,平均注视时间越长说明其认知越努力,其与注视次数结合也可反映获取信息的难易程度,如果注视次数多而平均注视时长短,则说明图片信息量较少,被试者可较容易地提取图片信息。注视总时间是衡量被试者对于图片信息是否感兴趣的指标,一般注视时间越长被试者获取的图片信息越大。感兴趣区域(AOI)(the Area of Interest)指研究者所关注的被试者的注视区域。这个参数使得研究者对眼动数据的分析更具有目的性,其中感兴趣区域的大小、形状可以由主试根据研究目的而确定。本研究将品牌基因因子对象作为感兴趣区域。每个感兴趣区域的注视时间比考察被试眼睛注视在特定区域的时间比例,注视时间比重越大,说明被试者对该区域越感兴趣。

  本实验采用注视时间和注视次数两个加工指标,测量游客的感兴趣区域。

  实验结论:从热区图以及平均注视时间和注视次数可以得出两条结论:一是大部分外国人还是对北京较著名的景点感兴趣,比如天安门、香山、颐和园、鸟巢等;二是对北京特色小吃感兴趣,比如烤鸭、驴打滚儿。从实验结论中我们可以看出,除了北京著名的旅游景点,北京特色小吃成了入境游客对北京最感兴趣的吸引物之一,以北京特色小吃为突破口,进行旅游形象传播,打造旅游特色产品也是北京在未来的旅游营销和发展中需要努力的方向。

  局限和展望:从以上分析可以得出,此项实验是具有可行性的,因此在今后的准备过程中,我们会以此为依据选择更能代表北京形象的图片作为实验材料,通过不同国家更多被试者的参与以及使用更多的评价指标,可以对入境旅游者的关注点和信息加工方式有更深刻的理解,从而达到更好地传播北京旅游形象的目的。

四、景观眼动研究的前景

眼睛是心灵的窗户,透过这个窗户我们可以探究人的许多心理活动的规律。法官会仔细审核目光躲闪的被告,精神病医生会牢记一个想自杀病人毫无表情的眼神。这种认识在古希腊时代就已经受到学者们的重视。而在心理学成为一门独立的科学之后,人们对视觉作了大量的研究。

随着光学技术、眼科学以及电子技术和计算机技术的不断发展,对眼睛在人类心理活动中所表现出来特性的研究越来越多。人类的信息加工在很大程度上都依赖于视觉,来自外界的信息,有80%~90%是通过人的眼睛获得的,因此对于"人是如何看事物"的科学研究一直没有中断过。对于这一点,关于眼睛运动的研究,即眼动的研究被认为是视觉信息加工研究中最有效的手段。研究表明,眼动的各种模式一直与人的心理变化相关联。

目前对眼动技术的研究大多来源于国外,眼动研究技术按照所借助的媒介分为以硬件和软件为基础两种。我们知道,人眼睛的注视点由头和眼睛的方位共同决定。所以,以硬件为基础的视线跟踪技术的基本原理是利用图像处理技术,使用能锁定眼睛的眼摄像机,通过摄入从人眼角膜和瞳孔反射的红外线连续地记录视线变化,从而达到记录、分析视线跟踪过程的目的。以硬件为基础的方法需要用户戴上特制的头盔或者使用头部固定支架,对用户干扰很大。以软件为基础的视线跟踪技术是先利用摄像机获取人眼或脸部图像,然后用软件实现图像中人脸和人眼的定位与跟踪,从而估算用户在屏幕上的注视位置。

眼动仪正在朝着高速度、兼容性和自由性等方向发展,未来通过便携式眼动仪的使用,为我们在真实的环境中研究人的眼动规律提供可能。高速度是指在500Hz~1250Hz的采样率下,仍然可以确保高精度、高分辨率的眼动追踪;广泛的兼容性指眼动仪可与许多刺激软件包结合使用,如可以和脑电仪(ERP)、功能核磁共振成像仪联机进行实时研究;此外,还具有非侵入的完全自由性,被试者无须头托或其他限制设备,头部可以自由活动。被试者也可以在室内外活动,可以讲话。

便携式眼动仪的出现将会和旅游活动的异地性产生很好的融合,可以应用在旅游形象的研究中。未来可以通过眼动仪研究不同社会和人口特征的游客对旅游形象感知的差异、游前和游后游客对目的地旅游形象感知的差异,结合其他仪器探讨感知形象对游客情感的影响等。

第二节　VR 新媒体互动传播与体验营销①

马骥②

一、引言

21世纪互联网的兴起，促使经济社会发生了极大的改变，从传统的"推"式营销到如今的"拉"式营销，极大地改变了消费者处于信息劣势的地位。随着互联网的发展，新型营销方式不断兴起，博客、微博、微信等新媒体受到人们的追捧，相较于传统媒体提供信息的模式，消费者更倾向于通过新媒体平台获取相关信息。新媒体不仅具有传统媒体提供给消费者的功能，同时消费者可根据个人兴趣爱好寻找个性化的信息与服务，新媒体平台也成为消费者依赖的新的沟通和服务的桥梁。消费者借助新媒体平台可以查询所需信息，各大公司也可以通过新媒体顺利实现并完成品牌传播、产品的设计以及销售，即新媒体成为了消费者传递需求、企业解决需求的桥梁。然而，传统媒体并没有失去它固有的生命力，在传统媒体和新媒体共存的环境下，面对着多样化的选择，消费者的信息采纳行为不可避免地受到来自多个方面的影响。在这种情况下，好的营销战略则是取胜的关键。随着虚拟时代的来临，人们越来越重视虚拟现实技术的应用，本文将阐述虚拟现实技术在互动传播与体验营销中的作用，从而让世界更好地看到"美丽北京"。

二、虚拟现实技术

新媒体的碎片化与自媒体的话语权决定了游客选择的价值，随着互联网

---

① 本文由王畅根据马骥在北京旅游形象国际整合营销与创新传播战略专家研讨会上的发言整理完善而成。王畅，北京第二外国语学院旅游管理学院。
② 马骥，全景客虚拟旅游网 CEO。

技术与大数据的发展，消费者的消费方式也逐渐进入理性消费阶段，在这样的情况下提高消费者的满意度，增强个性化、全方位的服务显得尤为重要。虚拟现实技术的出现可以极大地提升旅游交易的频率，在缩短中间环节的虚拟旅游过程中，人们可以利用较少的休息间隙，在虚拟旅游之中体验到无尽的乐趣。

（一）虚拟现实技术（VR）

虚拟现实（Virtual Reality，VR）是利用电脑模拟产生一个三维空间的虚拟世界，提供给使用者关于视觉、听觉、触觉等感官的模拟，让使用者如同身临其境一般，可以及时、没有限制地观察三度空间内的事物[1]。在上个世纪80、90年代发达国家就已开始研究该项技术，它是多种技术的综合体，包括实时三维计算机图形技术，广角（宽视野）立体显示技术，对观察者头、眼和手的跟踪技术，以及触觉、力觉反馈、立体声、网络传输、语音输入输出技术等。虚拟现实是仿真技术，它的一个重要方向是仿真技术与计算机图形学、人机接口技术、多媒体技术、传感技术、网络技术等多种技术的集合，是一门富有挑战性的交叉技术前沿学科和研究领域。虚拟现实技术（VR）主要包括模拟环境、感知、自然技能和传感设备等方面。模拟环境是由计算机生成的、实时动态的三维立体逼真图像。感知是指理想的 VR 应该具有一切人所具有的感知[2]。除计算机图形技术所生成的视觉感知外，还有听觉、触觉、力觉、运动等感知，甚至还包括嗅觉和味觉等，也称为多感知。自然技能是指人的头部转动、眼睛、手势或其他人体行为动作，由计算机来处理与参与者的动作相适应的数据，并对用户的输入作出实时响应，并分别反馈到用户的五官。传感设备是指三维交互设备。

简单来说，虚拟现实技术就是一种可以创建和体验虚拟世界的计算机仿真系统，它利用计算机生成一种模拟环境，是一种多源信息融合的交互式的三维动态视景和实体行为的系统仿真，使用户沉浸到该环境中。

---

[1] 刘玉锋，和亚君，李虎. 虚拟现实技术在旅游信息服务中的应用探讨 [J]. 网络新媒体技术，2011，32（1）：75–80.
[2] 廖孟龙. 虚拟专用网络技术在计算机网络信息安全中的运用 [J]. 科技展望，2015（23）：27–28.

（二）关于虚拟现实技术（VR）的名词

① VR 视频——VR 视频又名全景视频，利用专业的 VR 全景摄像机，将现场环境实时地、动态地、真实地记录下来，再通过计算机软件后期的缝合处理，形成一个 360 度的全景视频。

② 虚拟重建——通过 3D 建模技术，重新构建模型，包括人物、场景等一系列的虚拟构建过程，然后再通过计算机三维软件，生成可以任意漫游行走和交互的虚拟世界。

③ VR 眼镜——即虚拟现实头戴显示器设备，是利用仿真技术与计算机图形学、人机接口技术、多媒体技术、传感技术和网络技术等多种技术集合的产品，是借助计算机及最新传感器技术创造的一种崭新的人机交互手段。VR 眼镜主要分为：Cardboard VR 眼镜、VR 一体机以及 PC 端 VR 眼镜。

④ 全景漫游——全景漫游，是指利用全景图片和计算机软件开发，构建一个全景空间，并实现在不同的空间里切换，达到浏览各个不同场景的目的，再通过软件开发出一些交互效果，比如：植入语音、视频、三维、地图、热点等。

⑤ VR 相机——即全景相机，拍摄 360 度全方位。分为多相机、多镜头、双鱼眼 3 种。目前最流行的这类相机大多是拥有两个甚至多个镜头，或是利用连接装置将多台相机连接而成的。如全景相机有 Gopro、ideoStitch、Facebook、OZO 设备。

⑥ VR 外设——VR 外设包括像太空舱式 VR 体验座椅、VR 自行车、VR 快艇等能够亲身体验的设备，种类繁多，能配合各种不同的 VR 体验，配合硬件的动作，达到身临其境的效果。

（三）虚拟现实技术（VR）的特征

1. 多感知性

指除一般计算机所具有的视觉感知外，还有听觉感知、触觉感知、运动感知，甚至还包括味觉、嗅觉、感知等。理想的虚拟现实应该具有一切人所具有的感知功能。

2. 存在感

指用户感到作为主角存在于模拟环境中的真实程度。理想的模拟环境应该达到使用户难辨真假的程度。

3. 交互性

指用户对模拟环境内物体的可操作程度和从环境得到反馈的自然程度。

4. 自主性

指虚拟环境中的物体依据现实世界物理运动定律动作的程度。

三、虚拟现实技术应用案例研究

（一）澳大利亚360度全景体验，开启"乐水澳游"新体验

澳大利亚，不止匆匆一览，万千感受，分外精彩。开启专属"澳大利亚360度体验"APP并戴上Cardboard眼镜，您将进入一系列充满沉浸感的360度VR全景之旅，宛如身临其境，体验澳大利亚带给您的惊艳感受。通过震撼人心的第一人称视角，亲身探索位于昆士兰州大堡礁的白沙滩和蓝宝石般晶莹剔透的海水，以及澳大利亚的地标悉尼海港大桥和悉尼歌剧院，在南澳大利亚的林肯港和自然栖居的海狮一起畅游。澳式海岸360度全景之旅将让您置身于全世界最壮美、独特的海岸风景之中。360度全景视频会持续更新，未来将有更多精彩体验。澳大利亚昆士兰携手携程，迈入"VR+旅游"新时代。VR视频的应用，突破了传统广告的呈现方式，能更好地与用户互动，增强目的地对用户的感染力。当VR遇见旅行，当360度全景为用户带来多维度立体的目的地"体验"时，不仅创造了全新的旅游体验模式，也开启了目的地营销的新时代。VR虚拟现实技术借助高科技将动人心魄的美景、原始雨林、湖泊、海洋、甚至野生动物全景呈现在眼前，宛如置身另一个时空的广袤天地。

（二）挪威旅游——进入VR时代

挪威旅游局2016年5月与全球高端旅行及生活方式媒体《悦游》VR部门特别拍摄了一组从南到北的挪威全境VR图片及VR视频，拍摄地区包括挪威

首都奥斯陆、峡湾门户城市卑尔根、被联合国教科文组织列入《世界遗产名录》的松恩峡湾以及峡湾小镇弗洛姆、新艺术主义小镇奥勒松、北挪威美轮美奂的罗孚敦群岛和北极圈中的大都市特罗姆瑟，给大家带来一场视觉盛宴。挪威旅游局一直以来都非常注重创新。挪威以其纯美、震撼的自然风光获得众多中国游客的青睐，挪威旅游近3年的中国游客数增长率都普遍超越其他欧洲国家，2015年更是以62%的年增长率获得杰出成绩。前往挪威旅游的客人对挪威的评价也是非常之高，很多游客表示今后还会再来。挪威旅游的魅力正如挪威旅游局的主题一般吸引人——"POWERED BY NATURE（大自然的赋予）"！这是挪威旅游局在宣传、推广方面领跑新科技，选择VR技术来展现其魅力的一个新突破，今后对于挪威美景的展现，客人可以选择一种身临其境的感觉，对想前往的挪威地区先有一个短暂的深度了解，进一步选择感兴趣的行程路线。

（三）VR感触安大略

2016年9月，加拿大安大略省旅游局通过官方网站发布了一套VR旅游宣传视频，用户可以通过VR全景动态镜头，"身临其境"地体验多伦多、尼亚加拉大瀑布、渥太华、千岛群岛等旅游胜地的著名景观。2016年，VR的风头越来越大。加拿大安大略省旅游局虽说不是第一家尝试VR目的地营销的境外旅游局，但就景点的知名度、内容的精彩度，安大略省旅游局的VR作品值得期待，"震撼，好看"是众多观看者欣赏后的第一感受，比如多伦多湖心岛观日落、乘游船冲向尼亚加拉大瀑布、360度环视千岛群岛等镜头尤其令人印象深刻，画中美景直逼眼前，成功为观影者营造出了"旅行欲望"。假如旅游者还没有旅行加拿大，或者刚好准备出发，那么这套视频能很好地作为旅游者的"提前热身"。

（四）VR在医疗和军事上的应用

VR主要研究领域涉及传感技术（包括运动传感器，三维位置传感器，视觉、力觉和触觉传感器技术），输入输出设备（如头盔式三维立体显示器、数据手套、多方位体验真实感的传感器和三维声音产生器）等[1]。中国也建立了专门的研究机构，对虚拟现实技术开展了研究，已取得了一定的成果，并投

---

[1] 王海舜，潘利庆．虚拟现实技术在医学中的应用[J]．计算机应用，1998（6）：41-42．

入到了实际应用中。VR 在医学方面的应用具有十分重要的现实意义。在虚拟环境中，建立虚拟的人体模型，借助于跟踪球、HMD、感觉手套，可以学习、了解人体内部各器官结构，对虚拟的人体模型进行手术等。而模拟训练一直是军事与航天工业中的一个重要课题，这为 VR 提供了广阔的应用前景。

（五）VR 在娱乐和教育上的应用

VR 虚拟现实技术能够提供学员更多的辅助图册，同时丰富的视觉效果与 3D 显示环境，使得 VR 成为理想的视频游戏工具，VR 在该方面发展最为迅猛。对于游戏的开发，如角色扮演类、动作类、冒险解谜类、竞速赛车类的游戏，其先进的图像引擎丝毫不亚于目前的主流游戏引擎的图像表现效果，而且整合配套的动力学和 AI 系统更给游戏的开发提供了便利。目前已投入市场商业运营，显示出了很好的前景。作为传输、显示信息的媒介，VR 在艺术领域所具有的潜在应用能力也不可低估。VR 所具有的临场参与感与交互能力可以将静态的艺术（如油画、雕刻等）转化为动态的，可以使观赏者更好地欣赏作者的思想艺术。另外，VR 提高了艺术表现能力，如一个虚拟的音乐家可以演奏各种各样的乐器，手足不便的人或远在外地的人可以在他生活的居室中去虚拟的音乐厅欣赏音乐会等等。同时，各种大型的文艺演出效果，也可以通过 VR 技术进行效果模拟。VR 技术在教育领域，主要是发挥其互动性和生动的表现效果，用于立体几何、物理、化学等相关课件的模拟制作。解释一些复杂的系统、抽象的概念如量子物理等方面，VR 同样是非常有力的工具。而且在相关专业的培训机构，VR 虚拟现实技术能够提供学员更多的辅助，比如虚拟驾驶、各种交通规则的模拟、特种器械模拟操作、模拟装备等等。

（六）VR 在城市规划、交通上的应用

用 VR 技术不仅能十分直观地表现虚拟的城市环境，而且能很好地模拟各种天气情况下的城市，可以一目了然地了解排水系统、供电系统、道路交通、沟渠湖泊等等，能模拟飓风、火灾、水灾、地震等自然灾害的突发情况，对于政府的城市规划工作起到了举足轻重的作用。无论是在空中、陆地还是海洋、河流的交通规划模拟方面，VR 虚拟技术都有其得天独厚的优势，不仅能用三维 GIS 技术将各种交通路线表现得十分到位，而且对于相关工程建设也提供可靠的参考数据。常用 VR 技术做室内 360 度全景展示和室内漫游，用 VR 技

术不仅能十分完美地表现室内的环境，而且能在三维的室内空间中自由行走。目前业内常用 VR 技术做室内 360 度全景展示和室内漫游，受到一致好评，而且不仅能在室内漫游，还能用 VR 技术做预装修系统，可以实现即时动态的对墙壁的颜色进行更换或贴上不同材质的墙纸，还可以更换地面的颜色或贴上不同的木地板、瓷砖等，更能移动家具的摆放位置、更换不同的装饰物。

"提到 VR，消费者最期待的不是游戏，而是旅行。"这个结论来自一份覆盖 1 200 人的调查报告，多少令人意外。这份报告由分析公司 Greenlight VR 制作，结果显示，在"最期待的 VR 内容"上，有 73.5% 的被调查者选择了旅行和探险，其次是电影和视频、现场直播、家居设计和教育。游戏被排在第六位，占 61%。Greenlight VR 在报告中说，人们对 VR 在游戏中的应用过分关注，其实大家还是有很多其他需求的，尤其是旅行方面，用户更需要"身临其境"感。在近两年各大旅游展上，VR 被广泛看好，同时 VR 被认为是目的地营销的一种新手段，已经有一些旅行机构率先试水，包括澳大利亚旅游局、加拿大 BC 省旅游局、加拿大安大略省旅游局、挪威旅游局等境外官方旅游机构，还有赞那度旅游、悦游等媒体或旅行社，以及许多国内景区都纷纷推出了以 VR 视频为噱头的宣传活动或产品。

四、"美丽北京"——VR 新媒体互动传播与体验营销方案

（一）旅游局

利用 VR 新媒体技术，对北京旅游做全面的品牌宣传和推广。在城市人流集中区域，进行 VR 线下体验。在推介会上，利用 VR 眼镜，进行互动营销。创新旅游产业发展方式，旅游局利用 VR 技术与旅游营销相结合，采用全景照片、全景视频等形式向游客推广旅游产品，给游客新鲜、有趣、好玩的预先体验，这是吸引游客的一大"利器"。VR 技术"设身处地"地营造同现实一致的体验，让游客从听觉、视觉、触觉上感知"不虚拟"的场景。VR 与旅游的结合将创造全新的旅游体验模式，改变人们的旅游方式，颠覆了人们对旅游的认知，将成为未来旅行、观光、文化导览的一个重要发展方向。

（二）旅游景区

穿越千年历史，飞赏四季风光。设立 VR 游客体验中心，吸引游客游玩，

增加驻留时间。传播历史文化，领略不同美景，让游客将美景带回家。提升景区品牌，创造增值收益。景区应致力打造集信息收集、平台展示、网络推广、旅游产品研发与销售于一体的 VR、AR、MR 等旅游产业体系，增加北京市旅游资源文化价值，培育旅游新业态，打造北京的"旅游+VR"新模式，实现旅游产业创新发展。在不远的未来，游客只需戴上 VR 头显设备，拿着手柄，就可以领略到北京风光的雄奇秀美、文化的久远厚重。

（三）城市宣传

利用 VR 新媒体技术，重塑城市品牌，面向国际传播。实现全域旅游，构建美丽城市，打造生态文明，让旅游、文化、教育、科技、工业、农业走向全球。虚拟现实系统的沉浸感和互动性不但能够给用户带来强烈、逼真的感官冲击，获得身临其境的体验，还可以通过其数据接口在实时的虚拟环境中随时获取城市的数据资料，用户在三维场景中任意漫游，人机交互。同时虚拟现实技术能够加强宣传效果，虚拟现实系统可以将城市材料导出为视频文件，用来制作多媒体资料，予以一定程度的公示，让公众真正地参与到城市中来，最终制作多媒体宣传片，进一步提高项目的宣传展示效果。

（四）"美丽北京"营销中虚拟现实技术（VR）的应用

1. VR 拍摄

完成全景视频、全景漫游、虚拟重建的拍摄和后期制作。

2. VR 新媒体营销

为景区量身定制，提供完美的 VR 新媒体宣传营销解决方案。

3. VR 体验定制开发

根据景区的需求，定制开发 APP、Web 版、微信端等。

4. 旅游展会 VR 体验

大型旅游展会，提供 VR 一体机+VR 旅游内容的体验。

第三节　运用新媒体进行北京旅游形象国际传播方案

何珊　梁伟伟[①]

一、北京主要客源国（地）游客对北京旅游形象认知现状

（一）共同形象

旅游资源方面：拥有众多的名胜古迹和人造景观，是世界上拥有世界文化遗产最多的城市，但是主题风格比较单一，多为遗产型资源，缺乏活力。

旅游宣传方面：2008年北京奥运会的成功举办大大提升了北京的国际知名度和旅游形象，但是北京的国际知名度与世界最佳目的地的标准还有差距，还需要进一步扩大北京的国际知名度和旅游形象。

遗产保护和利用：对历史文物古迹保护不足，体现在政策和资金两方面。

目的地环境塑造：给人的常规印象是古老、文明，为四大文明古国之一的中国的首都，中国的政治、文化和国际交往中心，人民热情好客，本地居民外语普及率低，会展发展迅速，接近世界水平。

社会安全：社会治安状况良好。

交通情况：交通堵塞严重。

自然环境：空气污染严重，但低碳环保绿色的理念已经深入民心，空气质量正逐步改善。

公共基础设施：铁路线路、轨道交通、公共汽车系统方面相对发达。

旅游设施：中等水平。

社会文化环境：历史悠久，文化积淀较深。

---

① 何珊，梁伟伟，河北农业大学园林与旅游学院。

（二）北京主要客源国（地）游客对北京旅游形象的感知差异

旅游体验质量方面：文化差异影响游客体验质量评价。旅游目的地对游客吸引程度的高低，不仅取决于游客常住地和旅游目的地之间的距离，文化差异程度的大小也起到至关重要的作用。入境游客对北京整体形象体验评价中，欧美游客评价较高，日韩游客评价较低，表现出欧美游客对文化特征差异度较大的中国文化的高猎奇性，而日韩文化同中国文化特征差异度较小，相应体验评价较低。这说明，文化差异度越大，游客体验的新奇度越高、体验质量越好。

表3-1 北京入境游客对北京旅游整体形象的感知评价

评价得分	安全度	友善度	文明度	整洁度	有序度	产品优劣度
美国	83.30	84.97	84.17	73.99	74.39	94.01
加拿大	83.33	89.03	87.10	84.23	79.38	94.20
欧洲	83.17	81.43	74.95	65.20	72.55	94.98
澳大利亚	82.50	85.84	81.67	72.49	69.17	88.33
日本	76.67	79.86	71.62	69.50	66.23	76.09
韩国	75.63	72.75	61.66	62.24	61.40	67.11
平均值	79.64	81.22	75.94	70.30	69.08	82.88
标准偏差	4.44	5.96	8.94	7.51	6.93	13.08

数据来源：根据国家自然科学基金项目的旅游市场调查资料整理

表3-2 各地区对北京旅游整体印象的距离矩阵

印象距离	美国	加拿大	欧洲	澳大利亚	日本	韩国
美国	0.000	0.035	0.045	0.000	0.232	0.686
加拿大	0.035	0.000	0.223	0.101	0.416	1.000
欧洲	0.045	0.223	0.000	0.043	0.164	0.470
澳洲	0.000	0.101	0.043	0.000	0.110	0.477
日本	0.232	0.416	0.164	0.110	0.000	0.097
韩国	0.686	1.000	0.470	0.477	0.097	0.000

数据来源：根据国家自然科学基金项目的旅游市场调查资料整理

游客常住地距离的差异导致体验质量的不同。不同的生活环境会形成不同的生活态度和消费观念，生活环境差异越大则生活态度和消费观念差异越大。北京入境游客对北京整体形象体验质量表现出此类明显的特征。根据各地区旅游整体印象的距离矩阵（见表3-2），以美国游客为例，其体验质量和加拿大游客体验质量差异仅为0.035，同欧洲游客体验质量差异为0.045，同韩国游客体验质量差异为0.686，表明常住地距离越大体验质量差异越大。但常住地之间的距离并不是导致体验质量差异的唯一原因，两国文化渊源及一国对另一国生活方式的模仿都可能影响体验质量。如美加游客和欧洲游客体验质量差异较小，是因为二者文化的相近性；日本游客和美加游客体验质量差异较小，可能是受"二战"后日本人对美国人生活方式和价值观念的模仿等原因的影响。

服务评价方面：北京入境游客对住宿、餐饮和交通服务评价较高，评价赋值差异不大，表明北京旅游接待在这三方面的服务质量能满足各层次游客的要求。购物和邮电通讯服务评价较低。购物作为入境游客不确定消费之一，弹性较大，努力提高其服务水平将为北京争取更多的入境游客消费，增加外汇收入；调查中访谈发现，对邮电通信服务不满主要是针对入境游客提供服务的外语标识较少，服务人员外语水平不高。入境欧美游客对北京导游服务体验评价较低，表明导游人员不仅要提供简单的语言翻译服务，更多的是对入境游客在中国文化背景上的解释说明，使入境游客能更好地理解中国文化的精髓。入境日韩游客对北京导游服务的高质量体验评价，主要得益于日韩两国文化同中国文化的关联，因此日韩游客能更好地体验北京旅游呈现给游客的中华文化。

表3-3 北京入境游客对我国旅游服务的评价

客源地	住宿	餐饮	交通	购物	娱乐	导游服务	邮电通信
北美洲	85.36	86.23	80.33	68.00	66.51	68.01	66.09
欧洲	80.19	79.25	75.75	78.71	78.34	75.40	67.46
澳大利亚	73.04	80.00	67.50	58.33	61.67	61.00	77.39
日本	83.86	81.44	71.16	72.06	72.21	84.17	72.34
韩国	79.46	77.98	68.30	63.68	58.95	80.64	65.76
平均	81.38	80.46	73.74	68.97	68.24	75.99	67.20

数据来源：根据国家自然科学基金项目的旅游市场调查资料整理

入境游客居民好感度评价方面：日本、韩国游客对居民好感度的评价最低，法国的评价最高。

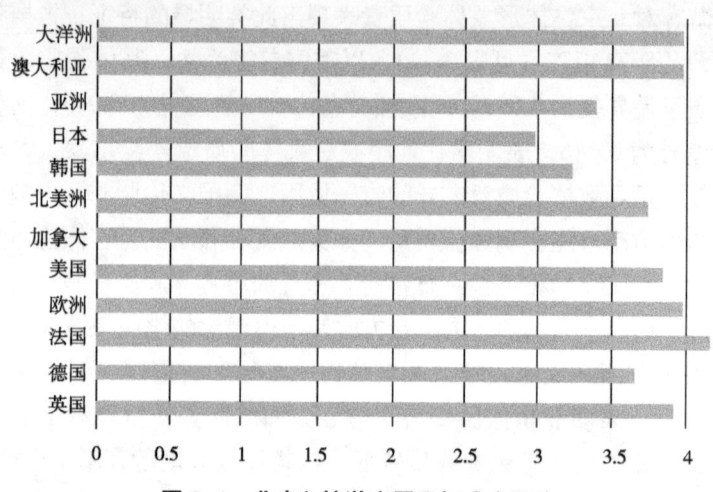

图3-1　北京入境游客居民好感度评价

数据来源：马红丽．中国旅游热点城市入境游客居民好感度感知研究[D]．西安：陕西师范大学，2010．

二、运用新媒体制定的北京旅游形象在主要客源国（地区）的传播方案

（一）新媒体的概念

新媒体（New Media）是指当下万物皆媒的环境。简单地说新媒体是一种环境。新媒体涵盖了所有数字化的媒体形式，包括所有数字化的传统媒体、网络媒体、移动端媒体、数字电视、数字报刊等。它是一个相对的概念，是报刊、广播、电视等传统媒体以后发展起来的新的媒体形态，包括网络媒体、手机媒体、数字电视等。新媒体是利用数字技术、网络技术和移动通信技术，通过互联网、宽带局域网、无线通信网和卫星等渠道，以电视、电脑为主要输出终端，向用户提供视频、音频、语言数据服务、连线游戏、远程教育等集成信息和娱乐服务的所有新的传播手段和传播形式的总称。

新媒体的特征是交互性与即时性、海量性与共享性、多媒体与超文本、个性化与社群化。

（二）运用新媒体传播北京旅游形象的具体营销传播方案

通过新媒体的手段和方式制定北京旅游形象在主要客源国的传播方案，实际上就是把北京作为旅游目的地，利用新媒体这一载体开展北京旅游形象在主要客源国的营销活动。旅游目的地新媒体营销主要是指基于网络信息技术，利用新媒体作为营销载体而开展的目的地营销活动。在旅游目的地新媒体营销中，旅游者既是信息的接收者同时又是信息的生产者，单向交流变成互动性更强的双向沟通，大大提高了信息传播的有效性、深度与广度。而且营销宣传需要口碑传播，把新媒体运用到旅游目的地的营销中可以提高营销效率，增加旅游目的地的宣传效果、宣传精度以及美誉度等等。

在北京旅游形象国际传播中，官方网站、网络论坛、博客、微博、影视、直播等诸多新媒体，将发挥不可替代的巨大作用。借助于新媒体的广泛受众且深入的信息发布，可以扩大北京旅游形象在主要客源国的推广，还可以扩大品牌的影响范围。

1. 重视北京旅游官方网站的建设、完善和维护

北京旅游官方网站作为北京旅游形象宣传推广的核心，是北京进行旅游信息展示的最好平台，可以将北京想要传递给旅游者的旅游信息通过图片、文字、音频、视频等方式展现给旅游者，因此官方网站是否迎合旅游者的需求成为关键，由此可知官方网站应具备以下四大功能：一是旅游信息提供功能，包括单要素（如吃住行游购娱以及电子地图、天气状况等）和组合信息（如完整的旅游线路、旅游日程安排等）；二是旅游信息交互功能，官方网站应配备足够的客服人员，支持语音和文字互动功能，将旅游者和北京联系在一起，加深旅游者对北京的理解，提高北京的知名度；三是旅游产品在线交易功能，官方网站要致力于打造完善的一站式购物体验，提供便捷的交易工具和安全的金融环境；四是客户关系管理功能，现代旅游个性化需求越来越明显，北京旅游也应与时俱进，通过数据挖掘技术建立专门的客户关系，了解顾客偏好、兴趣、参与度等，以更好地预测和发现旅游需求的变化，真正实现一对一营销，提高效率。与全球最大的搜索引擎网站谷歌合作，搜索"北京旅游"，使北京旅游官方网站位于搜索页面1/3处，然后整体页面设计要符合北京传统与现代完美结合的绿色、开放、包容、创新的旅游形象，要

有多种语言（如英语、德语、西班牙语、韩语、泰语、法语、俄语等20多种）版本的网页，供北京主要客源地游客使用。

2. 充分发挥北京旅游相关论坛的作用

在网络论坛中，北京旅游相关政府部门或者是旅游企业，可以通过文字、图片、视频、音频等发布北京旅游产品和服务，达到宣传推广北京旅游形象、加强市场认知度的目的。要做到持续监测旅游网络论坛的报道，积极参与讨论，及时解答旅游者的疑问，树立专业、权威、热心的良好形象。还要适时处理负面口碑传播等。北京的景区景点可以搞一次网络故事营销，通过媒体网络的传播，配合传统媒体的炒作扩大声势，实现全媒体传播，提高北京旅游景区景点在网络媒体的曝光率，全面揭示北京整体旅游形象的美。

3. 开发北京旅游APP，发展智慧旅游

近年来，移动互联网对旅游这一传统行业的改造愈发深远，一方面，智能终端的兴起加速了旅游内容的数字化，移动设备的便捷性使得游客在旅途中与互联网的互动成为可能，另一方面，旅游者的旅游偏好也在悄然变化中，现在选择更具个性化的自由行的游客大大增加，休闲自助游在整个旅游市场中保持高景气。旅游APP就像是一本拥有海量旅游信息的随身旅行指南，用户可以通过它随时随地查看城市的美食、住宿、购物、游玩线路、特色活动、文化地理等各种各样的实用信息，以及针对旅游景点的门票、电话、交通方式、详细地址等全面的旅行信息，还可以查看其他用户分享的游记和攻略，方便随时调整行程。基于此，开发北京智慧旅游APP势在必行，这是顺应市场发展的必然趋势。北京旅游APP，首页应给人一种眼前一亮的感觉，把绿色北京、开放包容北京、传统与现代化相结合的北京的印象留给人们。首页功能条应集合天气、热线电话和关键词搜索等多项功能，应涵盖旅游"吃住行游购娱"六要素的方方面面，详细介绍多样化的旅游产品，并提供公共交通的换乘提示，充分利用谷歌地图、搜索引擎等公共互联网技术，结合政府背景加以二次开发，赋予软件更多的附加功能，这样用户在搜索酒店、餐厅等时可以根据距离进行排序，可以在地图状态下直观地看到所在地点周边酒店、景点等旅游设施。北京智慧旅游APP还应包括北京周边县市的所有旅游相关信息。还应该针对外国游客进行定制，应该有多种语言版本的APP，而且不能是中文版直接的翻译。

4. 注重开展旅游博客网络营销

旅游博客是博主或者旅游者分享旅游经历、交流旅游心得、咨询旅游服务、介绍旅游景观等的重要平台。一方面，北京可以自建北京旅游博客平台，专门撰写北京旅游的相关博客；另一方面，也可以和专业旅游博客平台（如"新浪旅游"博客平台等）合作，旅游者可以在这个平台上找到自己需要的旅游信息，也可以向有经验的博主进行咨询互动。社交网络的演变催化了旅游消费者与旅游品牌之间的关系，使得旅游博客主从单纯的消费者转变为内容生产者，甚至成为旅游品牌的代言人。旅游营销人员应该在社交平台上与旅游者进行互动，实时向粉丝提供回复，继续寻找更独特的内容，以满足旅游者的需求，提升整个旅游体验。

5. 重视微博这一社会化媒体营销平台的作用

随着微博的传播效益逐步显现，微博已经成为旅游推广的利器，是旅游营销重要的自媒体平台。北京旅游局官方微博虽已开通，但粉丝数量极少，效果不明显。北京旅游局应该重视微博内容的策划、执行以及与粉丝的互动，提高活跃度、传播力和覆盖度，建设北京旅游微博体系，带动各相关旅游机构及景区开通微博，促进旅游资源的整体推介，扩大宣传声势。策划热点事件进行事件营销，通过提供服务及互动进行关系营销，借助名人进行病毒式营销，与传统媒体相结合，进行整合营销，运用流行和贴心语进行软营销。

6. 重视发挥 SNS 社交网站的优势

通过 facebook 作为核心传播平台，让国外消费者更了解北京，认识到北京的旅游价值。开通 Facebook 公众账号，建设社群，通过每日发布和更新北京旅游相关各方面的信息，向消费者展示北京的美丽。通过关键词搜索，找到相关度高的真人大号用户，通过跟他们互动，让他们成为我们的粉丝，也让他们在适合的时机转发我们的内容，进行整合式营销。邀请 3 位喜欢旅游的意见领袖，到北京实地体验各方各面，并让他们在旅游期间发布内容，务求能让他们把北京美好的一面呈现给广大的消费者。邀请国外知名影视明星作为北京旅游大使，拍摄"圆梦北京"系列视频，然后在 Facebook 上线，把北京最好玩、最好吃、最美的一面更真实地带给受众。

7. 充分发挥旅游团购网站的宣传推广作用

近两年，网上团购日渐流行，而旅游作为异地无形产品，非常适合网购，北京旅游局应该与团购网站（如拉手网等）合作，整合全市景区、餐饮、住宿、交通等资源，形成一系列精致、超低价位的团购产品，建立北京旅游团购产品信息平台，使北京旅游产品有更宽阔的推广平台和更便捷的销售渠道。

8. 注重发挥即时通信工具的作用

北京可以通过北京即时通信公众号（如微信公众号、qq空间公众号等）介绍北京的风俗人情，特别是不为人知又很有趣的展示，如特色历史景点、酒吧、美食、博物馆、游乐园等，以及北京的出行注意、消费须知、文化差异等，并适时加入视频等冲击力更强的形式。为避免同质化，北京旅游营销相关组织可以聘请见多识广的导游、当地居民、民间旅游爱好者，或者聘请专职人员，听他们讲述后整理成文，然后通过即时通信平台推送。为使其创造更大的市场空间，针对性更强、准备性更强、及时性更强，还应构建综合服务平台。

9. 重视影视、微电影及表演的传播作用

北京旅游局应该多多拍摄一些以北京旅游为主题的电影、微电影、电视剧等，让外国游客对中国影视有认同感，从而对影视中出现的饮食、服饰、优美景色等文化产生向往，形成对"中国北京"的关注点。在此基础上，倘能正确、有效地发力，就能形成一股影响中国北京对外形象（品牌）的潮流——中国北京的文化、古建筑、园林艺术，都成为"北京"这一品牌牢固的形象基石。旅游者对影视旅游认可度较高，83%的观众会因为一部喜欢的影视作品想去拍摄地旅游，所以影视在旅游宣传中存在着巨大的潜力。影片越是国际化就越要全球取景，不断加入异国元素，让观众有新奇感；对故事也要有一定推动，在特定场景下渲染特定的情感才可以吸引旅游者前来。北京可以制作诸如《爱在北京》《我与北京有个约会》等影视剧及微电影，以浪漫爱情或温暖亲情为主题或者以幽默诙谐的故事情节和语言展示北京特色的美食美景、风土人情，来传播北京热情好客、开放包容、深沉厚重、昂扬进取的美好形象。

三、总结

北京旅游形象通过新媒体宣传、推广,从对象上来讲,不同于传统的单一、零散的旅游地营销,它应该是北京旅游的整体营销;从主体上讲,应从旅游企业、行业管理部门营销变为政府、企业、全社会的营销;从内容上,应从单纯旅游业营销变为文化、外贸、体育、园林、文物等多种类型营销,充分利用好整合营销策略,塑造好北京旅游品牌形象。

第四节 新媒体在北京旅游形象国际传播中的应用策略研究

朱豆豆[①]

一、引言

"请进来,走出去",行行如此。近年来,我国政府实施的"文化走出去"战略大大提升了中华文化在国际传播领域的建设力度,同时,互联网在全世界范围内的普及,也使得国际(跨文化)传播变得更加多元、丰富和便捷。尤其是,新媒体的兴起从传播方式上大大改变了信息主体和受众在传播过程中的角色,信息的编码与解码过程也由此发生了改变。我们知道中国孔子学院遍及全世界,中国文化令外国人赞不绝口以及中国"一带一路"战略的实施,都对提升中国软实力有着重大意义。在全球化、信息化时代,国家间综合国力的较量,不仅表现为经济、军事、科技等"硬实力"方面,而且在价值观念、意识形态等文化"软实力"方面表现日益显著。而软实力的体现,需要借助于广泛而有效的跨文化传播,正如徐小鸽所说,国家形象是"一个国家在国际新闻流动中所形成的形象,或者说是一国在他国新闻媒介的新闻

---

① 朱豆豆,北京第二外国语学院英语学院。

言论报道中所呈现的形象"[①]。因而跨文化传播是提升中国软实力的重要手段，有关国家形象的跨文化传播研究也逐渐成为显学，而媒体是跨文化传播的主要方面，也理所当然成为各国努力塑造形象的重要选择。

根据相关研究，新媒体时代，传统意义上的主流媒体在大众获取信息的渠道中的重要性将逐渐消减，甚至被替代，每个人借助自媒体都可以成为信息发布者，并可在一定范围内产生传播效果，新媒体赋予了人际传播以新的意义，并对文化传播提出了新的可能。根据现有的研究，目前自媒体（博客、微博、Twitter 等）的使用者多为 16~44 岁的人群（GlobalWebIndex），而这一群体是短暂旅游者较为活跃的人群。由于在华短暂停留的特性，海外旅游者必然会优先接触对自己最具有吸引力的文化内容，并留有印象。同时，新媒体话语具有信息量大、内容简短以及实时的特征。因此，本研究认为，针对来华旅游者对北京的形象有不同看法的分析，可以对新媒体时代北京形象的传播与接受效果进行有效的评估。

二、新媒体时代的背景

新媒体时代，各种各样的即时交流通信工具如微博、微信以及多种各种网络聊天室应运而生，与此同时，各种各样的手机应用软件被下载到手机移动客户端上，我们可以随时随地对各种新闻事件在不同社交媒体上发表自己的看法，我们也可以享有越来越丰富、越多样化的社交媒体体验。人们往往会通过各种网络搜索工具检索到国家或城市的网站，从中查阅各种所需信息。同时，他们还会将自己感兴趣的内容通过社会化媒体形式与朋友分享。一个成功的城市形象网站可被看作一座虚拟的城市，当人们没有机会光临这个城市甚至还对他一无所知时，往往可以通过网站形成对这里的初步印象，并直接影响到他们来这里旅游或投资的兴趣程度。从国际形象网站中，我们希望传达给受众的不仅是地域、经济、历史、文化等各方面的信息，更重要的是要通过网站的整体风格和细节展现，传达一个国家独特的性格。

近两年来，美国等国家不仅有效利用了各个国家的微博媒体来传播国家

---

① 赵永华，李璐. 北京城市形象国际传播中受众的媒体选择与使用行为研究 [J]. 对外传播，2015（01）.

形象，而且还精心策划，设置了微博传播的议程，引导公众关注有利于其国家形象的话题和信息，提升了国家形象的公众认可度和美誉度。随着中国传媒市场的飞速发展和逐步开放，也吸引了大量国际媒体通过新媒体渠道进入中国市场，近两年来尤以媒体官方微博的发展最为引人注目。众多具有国际影响的外媒，纷纷登录微博这个社交网络平台，进行新闻的跨文化传播活动。

三、新浪微博提升北京旅游形象的策略

随着中国新媒体环境的日益形成，新浪微博近年来成为中国的舆论阵地，也成为媒体争夺的香饽饽，外国媒体也抓住机遇占领先机，纷纷开通自己的中文官网。而纵观国内对外官方微博，形势却不如国外媒体，微博的对外应用没有形成气候。当在新浪微博搜索"北京""旅游"等关键词时，相关用户的关注度不高，其中，拥有72万粉丝的北京市旅游发展委员会活跃度较高，更新率为平均10条/天，但官网主要是针对国内受众，没有对应的国外官网。赵永华、李璐的《北京城市形象国际传播中受众的媒体选择与使用行为研究》中表示"国际受众接触、使用程度最高的前三位媒体分别为中央电视台、新华社、《中国日报》三家旗下的对外传播媒介"。除了学习国内这些成功"走出去"官方微博相关的对外传播方法外，北京市政府针对北京旅游国际形象传播也应该主动开展对外传播，利用多种媒体渠道加强对外传播效果，全面创建自己的对外传播官方微博，主要策略有以下几个方面：

（一）打开新浪微博国际传播之路，展现多方位北京形象

北京市旅游形象的对外传播主要还是一种城市文化的传播。北京的传统文化如皇家建筑、美食文化、民俗京味和戏曲文化对国际受众来说是魅力十足的，这些都是对外传播中需要多加利用的文化符号。因此，对于城市形象而言，只有全面推出有关北京各种特色包括美食、戏曲、服装、旅游等相关的官方微博，才能全面展现真实的北京。值得一提的是，不同官方微博要突出其特点，这样才能实现品牌化。除了传统媒体对北京特色的有效传播，在新媒体时代中，应善于利用新媒体的传播特点，即一方面新媒体传播的时效性使我们可以无空间限制地实时传播，另一方面新媒体交互性强，可以使我们直面国际受众，做到及时反馈，加之微博呈裂变的传播方式，最终实现急速传播。

(二)展现真实的北京,讲好北京文化

我们应着力塑造讲真话的媒体,一切都应该以真实为前提,对自己城市的缺点不加以隐瞒,这样才能形成媒体公众影响力。在国际传播过程中,失实报道在所难免,学会认清有偏见的媒体,对他们的失实报道要积极回应,保持一个国家首都应该有的风范是我们应该做的,但不要采取非理性的行为,这样反而会有损城市形象。利用新媒体的传播方式来充分发挥各个媒体的作用的最大化,扭转北京乃至中国形象"被塑造""被误读""被扭曲"的局面,对于弘扬中华文化具有重要的指导意义和实践意义。只有站在一个全球性媒体的高度,保持公正客观性,对其他地域没有偏见,才能更好地传播北京文化。

在叙事话语方面,在真实的基础上,讲好北京文化。比如,如果有受众在微博平台上发布关于北京雾霾天气的微博,我们要在坦然接受客观事实的基础上,不妨自信地自我解嘲一番,也有助于消除国外受众对中国以及中国媒体的刻板印象。再者,要使北京官方微博成功走出去,要充分利用好新媒体平台,探索新的传播形式形态。要敢于触及敏感话题,不但参与热点话题的讨论,还要主动进行话题的发起和带动。发挥好社交媒体的主要特性,迎合国外受众口味,打造有特色的品牌栏目,讲好中国故事,形成跨文化影响力。

(三)清晰的主题定位,公正、不偏不倚的报道策略

清晰的主题定位,是从一个高度上决定该微博文化价值取向的关键,有了清晰的主题定位,才能更好地抓住受众群体,否则,会让受众始终处于茫然状态。官方微博也应该有自己明确的主题定位,并保持公正、不偏不倚的报道策略。比如英国最大的广播公司BBC之所以能够享誉全球,在媒体中享有公众力,是因为BBC报道内容和表达都是真切的事实、确切的用词、不偏不倚的立场和恰如其分。即使对某一事件有评论,也会加上"有人认为""某某人指出"等类似关键话语。虽然有倾向性,但这种方式给读者自己更多的思考空间。

北京对外官方微博在相关的涉京报道中,应采取相应的报道策略,比如当国家发生重大事件时,不仅仅关注事件本身,更要把较多的精力花在深入挖掘事件背后政府处理的态度以及实践所折射的含义上。在讲好自己国家故

事的前提下，更要以故事的真实性为前提。国际受众会从该国媒体传播出来的新闻信息推导出该国的政治态度，甚至是该国的整体国家形象。

（四）摒弃以自我为中心，做好本土化

成功走向国际的官方微博并非偶然，只有做到本土化，才能与海外受众的消费文化、大众文化、审美感受方式相适应，推广才能持续。本土化策略是北京"文化走出去"中的有效传播策略。针对新闻信息的传播，共性的本土化手段使新闻信息选择的标准立足于"贴近性"，即选择与受众地理位置、心理上接近的新闻，新闻对目标受众有吸引力，使其能产生共鸣，进而达到最佳的传播效果。

国际传播大多是跨文化交流，即使是北京旅游信息的传播，信息发出者与信息接收者大多有不同的语言和文化背景。因此要实现信息的顺利传播，就必须消除文化壁垒，避免排他性。了解不同地区信息编码者的文化认知差异，这也是一种本土化的策略。首先，产品本土化。北京旅游官方微博在新闻内容的选取上，在融入北京元素的同时，需要将受众的品位和惯有的思维方式作为衡量他们新闻价值的标准。比如成功走入中国媒体市场的华尔街日报中文网官方微博在 2009 年 10 月 23 日推出的新版块"中国实时报"，发现其很多微博都具有很多"中国味儿"，如《直面房奴生活电视剧〈蜗居〉走红》《奥巴马自撑雨伞引中国人注目》《迪拜危机重创温州炒房团》，微博内容与中国读者解读新闻的视角、取向很贴近，比如"奥巴马访华"，没有进行带有政治性的描述，而是选取一条生活细节"自撑雨伞"；再比如"绣花枕头"等词的出现，中国元素很显著。因此我们应借鉴这种方式，在发布内容时做好本土化。其次，人员本土化。当地人会对本土的文化背景、受众的喜好或者习惯有着更为精准的把握，对本地的市场和文化都会有更强的适应能力，所以培养有跨国企业管理经验的本地经理人，可以带领团队更好地进行本土化战略，这实际上也起到一种公共外交的作用。这样才能成为让北京"文化走出去"的有效传播策略[1]。

---

[1] 王馨语. 大路朝天，各走一边——从内容看 Twitter 和新浪微博的不同路线 [J]. 新知客，2010（10）：24-27.

（五）增强海外受众参与度，提升受众关注度

根据学者 E·卡茨在其著作《个人对大众传播的使用》中提到的"使用与满足"理论以及本人论文《从行为心理学角度看网络环境趋向自由化及多样化的发展》中指出的斯金纳（Skinner）的强化作用在新媒体中的体现，表明受众对于自己在媒体传播中的参与度的重要意义。因此在建立各类官方微博时，可以加入采访海外游客相关版块。由于在华短暂停留的特性，国外来京旅游者必然会优先接触对自己最具有吸引力的文化内容，并留有印象。因此通过专业团队对海外来京游客的采访，并将采访海外游客的一些有趣的、真实的北京印象或者提高北京形象的建议以视频形式放在相关微博上，以此来增加海外受众参与度，提高受众黏性，从而来提高受众关注度。此外还可以通过微博的点赞、转发和评论来获知不同文化背景的海外受众对中华文化认知上的差异，看是否存在文化的误读，分析文化误读的原因，分析北京形象传播的预设点和现实看法的差异，由此测评北京文化符号传播的效果，找出海外受众对哪些北京文化符号的反应是积极的，哪些是消极的，及时做到信息交互，以便针对不同北京的海外受众传播不同的北京文化符号。

（六）各官方微博加强互动，有效利用舆论力量

在微博的创立形式中，要形成一个以点带面的微博群体，不仅要有政府主导的官方微博，还要扩展内部工作人员的个人微博，从而支撑信息的向外发布。这样，内部工作人员的个人微博可以对主微博形成支撑，甚至可以起到维护城市形象的作用。如北京美食文化或者北京戏曲文化等各方面微博强强联手，对某一个问题爆发式传播，达到传播力度的最大化。此外，如果"中心微博"陷入到无谓的"口水仗"中，这些围绕"中心微博"的"子微博"可以起到澄清、安抚的作用。对于有共同议题的官方微博，可以形成微博网，以此来进行舆情监测。例如如果海外受众对北京形象或者文化有误读，各个微博可以关联转发进行澄清，确保澄清误读。如国家旅游局将"美丽中国之旅"确定为中国旅游整体形象，为了提高这一整体形象而创建的官方微博可以形成关联，做好内部构建。

四、结语

北京旅游形象国际传播效果的提升，还可以通过举办各种以"感知北京"为主题的海外旅游交流合作活动。在海外受众旅游期间，旅游组织可以引领海外友人体会最能代表北京文化的符号。比如老舍茶馆，在品味茶馆各种北京特色艺术的同时，慢慢品味茶叶的香气，体会北京独有的特色。另外，可以在旅游胜地加大志愿者服务性工作，志愿者提供专业、热心的服务给各地旅游者，让海外受众充分感受到北京的热情，做好北京作为首都旅游的表率作用。在新媒体迅猛发展的时代，城市形象乃至国家形象的塑造面临着前所未有的机遇和挑战。北京作为中国的首都，要想起到带头作用，必须充分利用好新媒体平台，探索新的传播形式，要敢于触及敏感话题，不但参与热点话题的讨论，还要主动进行话题的发起和带动，发挥好社交媒体的特性，迎合国外受众口味，讲好北京故事，打造有特色的城市品牌栏目，形成跨文化影响力，将"美丽中国"之旅品牌化。

第五节　新形势下北京旅游形象国际传播及新媒体运用方案

胡泽杨[①]

一、引例

呆萌的长相，笨拙的行动，自带的两团腮红，如果说这两年最火的吉祥物是什么，也许很多人会脱口而出它的名字——熊本熊。

熊本熊是日本九州熊本县的地方吉祥物，是熊本县营业部长兼幸福部长。从2010年产生到如今的火热，熊本熊的成功既是旅游形象宣传策划的绝好案例，也是一个运用新媒体进行营销宣传的极佳教材。

---

① 胡泽杨，燕山大学经济管理学院。

（一）熊本本无熊，一次天才般的旅游形象宣传策划

熊本本无熊。说到熊本熊，很多人都知道它是日本九州熊本的吉祥物，但要说到熊本县，在熊本熊诞生之前，别说国人就连很多日本人都会一头雾水，只能懵懵懂懂地说出个大概。地处偏僻，缺乏特色，交通不便，很长时间熊本县只是作为一个农业大县而存在。2011 年，贯通九州的新干线将要全线开通，这意味着邻县，乃至大阪等关西地区的旅客可以更便捷地到九州观光旅行，熊本当地县政府看准这个时机，希望做一些宣传推广活动来吸引旅客。于是县政府找来了本县出身的知名作家小山薰堂来进行构想设计，他转而找到了自己的好友——著名设计师水野学。两人经过一系列构思，综合了熊本城黑色的风格 + 火之国红色的特征，以及熊和时下广受欢迎的呆萌元素，几经易稿，最终设计出了熊本熊这一形象。

（二）新媒体造就"熊本熊"的成功

具备了扎实的自身条件，可是想要红，"经纪人"的大力培养也是必不可少的，而对于熊本熊来说，这个经纪人就是熊本县政府。

自熊本熊诞生后，县政府就启动了一系列与其相应的营销计划，先后开通了 Facebook 和 Twitter 账号，并为其申请了宣传预算，甚至还大张旗鼓地聘请熊本熊为临时公务员。

举例来说，熊本熊接受到的第一个任务就是由县知事蒲岛郁夫下达给它的"在大阪分发一万张名片，提升熊本县知名度"的任务，不过在大阪出差途中，熊本熊被大都市的魅力所迷住，竟然下落不明。蒲岛知事为此紧急召开记者发布会，希望有知道熊本熊消息的人通过 Twitter 告知县政府。这场活动以 Twitter 等新媒体工具为载体引爆点，爆发性地引发了日本网民对熊本熊的关注度，让熊本熊真正地走入了公众的视野。紧接着电视、报纸等主流媒体也开始跟进报道，火热的势头不仅仅带火了熊本熊，连熊本县和其政府也一下子成为了人们关注的焦点。

除了一些县政府亲自参与的推广活动之外，策划团队还利用 Facebook 和 Twitter 等社交媒体发布熊本熊的行程，并且在每一条新消息的最后，都会加上熊本熊的语气词"mon"。此外，策划团队还会借势热点进行营销。如县政府主导的用以宣传熊本县火之国内涵的腮红丢失事件，还有冰桶挑战期间，熊本熊

被人点名参加，这些营销策略都极大地增加了熊本熊的知名度和影响力。

随着熊本熊的越发火热，熊本县的知名度也水涨船高获得了极大的提升。2013年4月，日本地方经济综合研究所的调查显示，九州、关西和首都圈地区的居民对熊本县的印象分别从2011年的第六位、第六位和第七位，上升至第二位、第三位和第五位。此外，民众前往熊本县观光旅游的意愿也有大幅提升。申请授权的商品从2011年的3600件，升至如今的20000件。根据日本银行的计算，熊本熊出道的头两年就为熊本县带来了1244亿日元（约76.3亿人民币）的经济收入。①

（三）熊本熊成功的启示

熊本熊的成功是多种因素造就的，但不得不说，成功的定位和对新媒体的有效利用是其作为旅游形象宣传推广成功的主要因素之一。

从定位上说，其成功方式可以总结为以下几条：①将本地旅游形象浓缩为极简化的形象符号（实体）"黑熊－腮红"，相较于语言，使之更加容易被人接受，更加具有特色，更加利于传播；②与时下的新兴文化（萌文化）相结合，进行二次加工，使之行为和动作也符合人们的喜好，使定位进一步大众化、特色化；③授予其公务员身份，用公务员在人们心中"呆板"的形象与熊本熊的形象形成鲜明对比，形成特色。

从新媒体的运用上来说：①密切结合、使用如Facebook、Twitter等具有国际影响力的新媒体。在新媒体上创造具有特色和辨识度的表达方法，如mon。②创造利于在新媒体上传播的形象（极简化、符号化的萌形象）并诱发网友进行二次创造、二次传播。

二、新形势下的北京旅游

（一）旅游新形势

从曾经的快速增长，到如今的颓势难转，这恰恰是由于我们所正在经历的正时时刻刻发生着剧烈变化的外部环境所严重影响的。随着社会的发展与

---

① 信河田．熊本熊是如何成为风靡全球的吉祥物网红的？[EB/OL]．2016-01-19．http://socialbetacom/t/how-kumamon-bacome-the-most-popular-bear．

经济形势的变化，旅游的发展环境也发生了巨大的变化。旅游活动、旅游需求、旅游功能、旅游产业都在不断丰富和变化。

首先，互联网改变了旅游。通信技术和高速交通网络的迅速发展，已经深深影响了人们的生活生产方式，同时互联网也对旅游行业产生了巨大的影响。线上旅行社兴起，消费者们可以通过OTA寻找最合适的机票和酒店产品，也可以寻找旅游景点、路线甚至定制旅游。尤其是移动互联网的出现，使消费者的旅游活动更加便利。

其次，在当今时代，以微博、微信为代表的新传播媒介已经成为重要的信息传播方式。随着旅游活动向大众化、散客化、个性化趋势发展，其对入境旅游市场产生了深刻的影响，自助旅游者正逐渐成为旅游服务对象的主体，而他们更加关注旅游活动的自主性、多样性、灵活性。微信、微博、Facebook、推特等新兴网络交流平台，可以及时地为旅游者提供旅游信息服务和旅游体验。

新媒体时代信息的传播速度比传统媒介更快、传播内容更具冲击力和震撼力，可以在极短时间内吸引受众并提高受众的阅读兴趣。而网络营销的空间无限性、即时性、互动性等特征，使游客不仅是旅游体验的参与者，同时又是旅游的动员者、营销者和组织者，这些来自民间的力量，往往比常规营销更具影响。以熊本熊为例，除了官方的自主的宣传外，熊本熊成功的一大原因正是在二次传播中由网络用户所进行的第二次开发、创造。而在此基础上，旅游声誉"口口相传"的效应又通过自媒体被几何化放大，同时又被快速的聚焦，进而进一步产生了爆炸性的增长效应。

（二）新形势下的北京旅游

综上所述，新形势下的北京入境旅游的发展面临着很大的压力，提高市场占有率和拥抱新媒体发展是一项非常迫切的工作，同时新形势下人们对北京旅游业的发展也提出了更高的要求。虽然总体情况不容乐观，但是也有机遇，北京旅游资源丰富，各方面优势大，如何结合新媒体把潜在的机遇变成现实的机会、结合新媒体把旧有的旅游形象变为新的更适宜的旅游形象是需要探讨的课题。

三、国际传播中的新媒体

（一）什么是新媒体？

1. 新媒体的定义

新媒体是相对于传统媒体而言，是报刊、广播、电视等传统媒体以后发展起来的新的媒体形式，是利用数字技术、网络技术、移动技术，通过互联网、无线通信网、有线网络等渠道以及电脑、手机、数字电视机等终端，向用户提供信息和娱乐的传播形态和媒体形态。主要分类有科技博客、手机媒体、IPTV、数字电视、移动电视、博客、播客等。新媒体作为一项技术，本身并不具有改变社会的能力，而是社会变革的一部分。

2. 新媒体的特征

相对于传统的媒体，新媒体有以下特征：一是互动性。传统的媒体是单向式传播，新媒体则增强了传播者与接收者之间的互动性，新媒体传播过程中，可以利用网络技术进行各种形式的互动。二是快捷性。新媒体时代的信息具有更加快速传播的特点。三是大众性。新媒体形式多样，参与者可以通过各自的平台进行交流，传播状态发生改变，由一点到多点变为多点对多点，每个人都可以进行大众传播，受众的主动性大大增强，大众传播开始小众化。四是多元性。新媒体不断涌现，其表现形式日趋多元化。此外，新媒体还有一个最重要的特征就是依托于网络。

（二）海外新媒体盘点

海外新媒体与国内新媒体有很大不同，与国内主流的新媒体如微信、微博、"今日头条"等有着天然的隔阂和界限，两方用户很难沟通。近些年来，北京市旅游委也针对海外新媒体进行了相应的布局，使用了Facebook、中英文微信、中英韩三种语言的3G网站、10种语言的PC网站、中英版手机APP等多种方式传播北京市旅游形象。

想要运用海外新媒体首先要了解海外新媒体并发掘其特点，进行针对化的运用。海外新媒体主要有：

表 3-4　海外新媒体盘点表

名称	描述
Facebook	Facebook 是全球最大的网络社交平台，月活跃用户 13.9 亿，移动端 11.9 亿，日活跃用户超过 16 亿，平均每分钟 150 000 条消息被发送，每分钟 500 000 次"LIKE"（点赞），每天 45 亿移动用户。
YouTube	YouTube 是世界上最大的视频网站、以视频内容为主的社区，类似优酷 UGC 的鼻祖，每月独立访问用户超过 10 亿，世界上所有上网的人群中几乎有 1/3 的人每天在 YouTube 合计消费几亿个小时的时间观看视频。
Twitter	Twitter 是一家美国社交网络及微博客服务的网站，是全球互联网上访问量最大的 10 个网站之一，被形容为"互联网的短信服务"。Twitter 的诞生标志着因特网时代即时通讯方式的兴起，从 2006 年诞生到如今，10 年间，这个以 140 个字符为限的即时短信服务已经成为全球性的社交媒体工具。至今，Twitter 拥有 3.2 亿用户。
Pinterest	Pinterest 采用的是瀑布流的形式展现图片内容，无须用户翻页，新的图片不断自动加载在页面底端，让用户不断地发现新的图片。Pinterest 堪称图片版的 Twitter。索尼等许多公司在 Pinterest 建立了主页，用图片营销旗下的产品和服务。如今 Pinterest 的全球月用户人数已经超过了 1.5 亿，所有从社交媒体引导到电子商务网站的流量，20% 来自于 Pinterest。
Instagram	以图片、视频为主的交流社区，用户质量高。日活跃用户约 7500 万，每天有将近 8500 万视频和图片被上传到 Instagram，迄今为止，共有超过 400 亿张图片被分享。目前 Instagram 共有超过 3 亿活跃用户，53% 的 Instagram 用户年龄在 18 到 29 岁之间。
Snapchat	Snapchat 是一"阅后即焚"照片分享应用。Snapchat 的主要用户群体是在 13 到 25 岁之间的青少年。如今的 snapchat 每日活跃人数已经达到了 1.5 亿人次，而在视频观看量上甚至碾压 Facebook 达到了 100 亿次。
Linked in	Linked in 的服务对象主要为商务型人士，截至今日全球达 3 亿用户，其中中国用户超 500 万。
Line	Line 的用户主要集中于日本、泰国、印尼、西班牙、中国台湾等国家和地区，全球超过 6 亿用户，月活跃用户达到 1.7 亿。
其他	

四、突围之战

（一）目的地同质化所带来的困惑

中国旅游研究院做满意度调查发现，外国人不来中国的原因有两个：一为汇率问题；二为入境旅行社产品同质化和老化现象比较严重，旅行社对入境游线路创新热情不高。然而刨除客观外部环境问题，我们会发现表露在外的入境旅行社产品同质化问题之下更深层次的问题在于——国内入境目的地的同质化，或者说是千城一面，信息的重复传递反而变成了噪声。

大而美、大而全所导致的问题就在于无法进行准确的定位，正如同韩国选秀中我们惊呼着"脸盲！怎么都一样！难道是一个人！"一般，同质化的"美"的追求和同质化的宣传，使得原本想要传达的"美"的信息变为了惯常的信息，难以刺激人们的情绪，而让人们失去兴趣；另外的问题在于，在传统媒体时代，即使有相应目标人群的划分，也往往因为要考虑投入产出比，而选择针对大众的、大而美的宣传方式，并愈发陷入到这种问题所导致的恶性循环中。

（二）"精确化打击"的时代

新形势下的旅游目的地品牌营销发生了巨大的变化。从原来的"形象+产品式的推广+分销"形式，变成了今日的剥离状态，产品和形象不再直接挂钩。产品不是原来传统的线路产品，旅游产品的形式越发丰富，形象面对的人群和传递的形式也发生了巨大的变化，从原来的分销愈发趋向直销，从原来的高收入群体愈发转向中产群体。2008年北京奥运会时，人们在电视机前为比赛而欢呼，而到了2016年人们却拿着手机刷着微博、Twitter来吐槽；当基于移动互联网的跨屏交互已经是境外游客的主要信息获取方式时，我们的海外营销依然停留在大屏广告、纸媒广告、旅游推介会等传统手段当中。国家旅游局副局长李世宏曾在全国旅游宣传工作研讨班上表示，中国旅游宣传推广体系还不够完善，旅游品牌建设还处在起步阶段，旅游宣传推广手段还比较单一，旅游宣传推广队伍专业化水准还不够高，而从某种角度来说，这不仅仅是中国旅游的问题，也是北京旅游发展所面临的困境。

1968年，美国在越南战争期间计划炸一座桥，这座桥叫作清化大桥。美国为了把这座桥炸掉先后出动了600多架次飞机，投放了5000多吨炸弹，经过好几天的狂轰滥炸后，这座桥还是安然无恙，没有被炸掉，相反却有14架飞机被桥两边的高炮部队击落。飞行员为了躲避高炮部队的防空火力就必须飞得很高，飞得高了以后在飞行员眼里这座桥就像一根线一样，很不好炸，因此投了一堆炸弹也没炸掉。这种狂轰滥炸所导致的低效率进攻行为就如同我们在海外营销中花重金所投放的平面广告一般，当高楼上巨大的LED屏幕上播放着花费巨资制作的宣传片等待着人们抬头注目时，殊不知人们正低头把玩着手中的手机。这就如同战争行为的变化，我们的营销方式也发生着巨大的变化，我们正日益进入精确化打击、精确化营销的时代。

以 Facebook 或"今日头条"为例，可以辅助营销、进行广告宣传的参数已经达到了百余项之多，营销的层次愈发丰富，它们可以更加精准地将信息投递到希望投递到的人手上。通过新媒体，我们可以将传统几种、十几种游客类型再划分，重新架构为成千上万的不同游客类型，并为他们分别定制专属于其自己的宣传内容。

将游客认知旅游形象的过程更加精细化，我们可以把游客定义为"一个家庭条件良好、有意愿参与留学、对中国科技发展感兴趣，并希望交到中国朋友的学生"，并向他推荐北京的科教旅游项目，或定义为"有着归乡投资意愿的老华侨"，并向他推荐北京的投资创业旅游项目。基于移动互联网和大数据技术，新媒体可以准确地进行人群划分，进行用户画像构建，并对其进行定制化的营销，这是旅游形象"精确化打击"的时代。

（三）集团化作战方案

新形势下的旅游形象国际传播，区别于传统国别、文化差异等等所带来的距离感，而更加直接、快捷，这也要求我们更准确和更快捷的定位。但这却是整体宣传北京旅游形象所难以达到的，大而全而美的北京形象注定其无法进行准确和快捷的定位，而集团化式的作战，所进行的实际上是一种将北京旅游形象细化拆分的行为。将北京旅游形象这种凝聚化的文化符号拆分并落实到它所凝聚的载体当中，它可能是堪比美国硅谷的中关村园区，可能是会吸引各国学子的各大名校，也可能是一个人烟稀少的小景点，可能是一个传承多年的老手艺人……这种行为，实际上是消除了信息传递的一个中介渠道，其目的在于让更多、更直接的信息直接传递给目标群体，简化认知过程，并消除因为中介渠道所导致的互动困难的障碍，以及因为缺乏互动渠道、互动方式或不能进行有效互动而丧失的旅游行为，提高认知—认购的转化率。这要求我们采用如下新媒体运用方式：

1. 大力发展海外旅游"自媒体"

鼓励各地区政府、企业、个体等有条件、有能力、有特色的个体，发展自己的海外自媒体，综合利用Facebook、Twitter等海外新媒体，建立相应的自媒体账号，发布特色内容，直接吸引海外游客并积极与之互动。扶持能够代表北京旅游形象的个体、企业等，帮助他们建立海外自媒体，为其提供技术服务。

基于不同新媒体的平台特性，结合不同自媒体的内容特征，通过大量形形色色、各具风采的新媒体，形成规模效应，为海外游客提供多形式、多角度的新媒体矩阵，当有人在开展Facebook主页的同时，也有人为Youtube上的用户提供有趣的宣传视频；当有人在Instagram上发布美丽的旅游风景、精巧的传统技艺时，也有人为Pinterest上的"吃货"提供精美的食物照片……它们共同构成北京旅游国际形象，并使之立体化、深度化。

2. 大号带小号，形成联动化自媒体矩阵

在发展海外自媒体的过程中，应该充分利用媒体大号，为新建立的小号提供展示发声的机会，并为之引流，进行联动化的营销行为，为海外自媒体小号提供快速成长、壮大的发展空间与支持。

（四）北京旅游形象国际传播及新媒体运用方案

综上所述，我们的北京旅游形象国际传播及新媒体运用方案可概括为以下内容：

①拆分北京旅游形象，化单一形象为多形象，以自媒体为载体推动北京形象传播。将北京这个凝聚的整体形象拆分成众多的单元，如北京—艺术、北京—科技、北京—民俗、北京—美食、北京—古韵等各大类，这些大类还要继续拆分成小单元甚至可以是一个单独的地点，各个单元在政府领导下独自负责各自形象的建设和传播，享有充分的自主权。

②对多元化的北京形象进行统一的培训和管理，以及促进它们之间的联动。

③鼓励新技术在北京旅游形象传播中的使用，鼓励具有新技术的单位和个人积极参与到北京旅游形象的传播当中，如AR、VR、MR等虚拟现实技术。AR是通过计算机提供的信息增加用户对现实世界感知的技术，并将计算机生成的虚拟物体、场景或系统提示信息叠加到真实场景中；VR也是利用计算机图形技术、计算机仿真技术、传感器技术等在多维信息空间上

创建一个虚拟信息环境，能使用户具有身临其境的沉浸感，而 MR 同时包含了 AR 和 VR 的功能。利用这些技术可以让远距离的人们更深入、更真实地感受北京的魅力，视觉、听觉上的刺激比文字图片更能激发人们的旅游意向。

④对于以政府为主体的新媒体，其新形象应以简洁、明了、直接的形式阐释，要注意东方文化的西方视角化，充分考虑西方人的思维习惯，以其易于和乐于接受的方式进行传播。

⑤加强对如 Pinterest、Snapchat 等新兴媒体的运用。如 Pinterest 采用的是瀑布流的形式展现图片内容，无须用户翻页，新的图片不断自动加载在页面底端，让用户不断地发现新的图片。除去官方媒体外，一些自媒体单元可以作为用户在 Pinterest 上传有关北京的图片，与网友分享交流，让网友对北京旅游形象有进一步的深入的认识，从而激发网友的旅游意向。而 Snapchat 主要用户群体是在 13 到 25 岁之间的青少年，其每日活跃人数已经达到了 1.5 亿人次，在视频观看量上甚至碾压 Facebook 达到了 100 亿次，也是一个很好的推广平台。

⑥紧抓全球性热点，借助时事进行针对化营销。在各种文化交流年、国际赛事中传播北京旅游形象。

第六节 "帝都古韵，岁月留京"——北京区域热词活动策划和传播方案

岳智慧　荆伟婕　文宏坤[①]

一、策划思路

（一）整体设计模型（Lasswell）

本策划方案是整体按照拉斯韦尔的 5W 模式展开的：根据"谁（Who）→

---

① 岳智慧、荆伟婕、文宏坤，中南林业科技大学旅游学院。

说什么（Say what）→通过什么渠道（In which channel）→对谁（To whom）→取得什么效果（With what effects）"这五个要素对应到北京旅游形象传播过程上，具体可归纳为北京旅游形象的传播主体、传播内容、传播渠道、受传者以及最终的传播效果。

除了单向的 5W 模式，在具体活动传播中采用"旅游信息立体传播模式"，以大众传播、人际传播、组织传播、群体传播等形式，将信息传达至受众，形成一个立体的三环结构的循环传播，扩大传播的影响力。

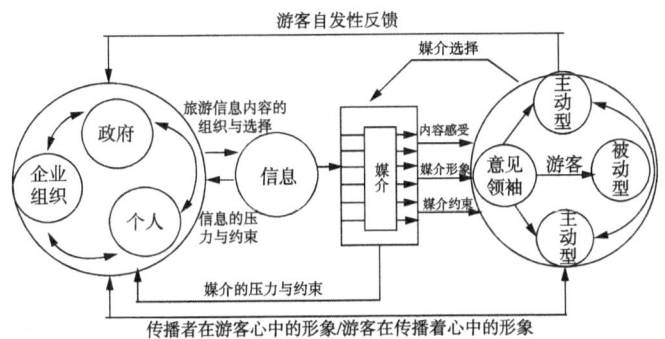

图 3-2 旅游信息立体传播模式①

（二）思路简介

要做北京旅游形象的国际传播，首先应该依靠大数据了解海外网民对北京各区关注度，而关注度体现在搜索热词上。根据分析 2016 年北京旅游业在国际互联网平台的传播效果现状与海外网民关注北京旅游的热点，得出以下结论：

海外网民对东城区关注较高的旅游热词为"故宫""紫禁城"和"Hotel"等；对海淀区关注较高的旅游热词为"Beijing""Hotel"和一些皇家园林景点，如"颐和园""圆明园"等热词；对朝阳区关注较高的旅游热词为"Beijing""Hotel"和处在使馆区的一些国家名称；对西城区关注较高的旅游热词为"北海""什刹海"和"景山"等；对延庆区关注较高的旅游热词为"长城""八达岭"和"Great Wall"等；对昌平区关注较高的旅游热

---

① 宠闻，马耀峰，郑鹏，五种旅游信息传播模式的比较与整合 [J]．旅游学刊，2012，05：74—79

词为"China""Beijing"和"十三陵"等，对房山区关注较高的旅游热词为"遗址""周口店"和"人类"等，对大兴区关注较高的旅游热词为"动物园""老虎"和"Park"等，对密云区关注较高的旅游热词为"科技""技术"和"长城"等，对丰台区关注较高的旅游热词为"中国""Beijing"和反映一些红色旅游景点的词汇，如"战争""历史"等，对平谷区关注较高的旅游热词为"峡谷""石林"和"梨园"等，对怀柔区关注较高的旅游热词为"Beijing""酒店"和"雁栖湖"等，对石景山区关注较高的旅游热词为区热门旅游景点和标志性建筑，如"游乐园""八大处"和"万达"等；对门头沟区关注较高的旅游热词为"寺院""寺庙"和"潭柘寺"等，对顺义区关注较高的旅游热词为"Beijing""City"和"Airport"等，对通州区关注较高的旅游热词为"City""通州运河"和"艺术馆"等。

根据以上海外游客对北京各区资源的热词感知来策划一个涵盖整个北京市的活动"帝都古韵，岁月留京"，将 16 个区按照国际游客关注类型进行资源划分，分为 9 个区块：老北京风味、皇城古迹、异域风情、历史遗珍、追源溯古、红色记忆、乡村体验、现代一隅、宗教朝圣，通过对这 9 个板块资源进行整合来做相关主题的活动营销，以活动作为北京旅游形象传播的载体，促使北京旅游形象在国际上有更大的影响力。

二、创新点

1. 热词导向

根据社会媒体的最新数据调查总结海外游客对于北京旅游资源的感知，并以热词为线索做传播策划。

2. 活动营销与活动有机统一

相对于直接的宣传，活动营销具有潜移默化的影响力，能够将文化逐渐渗透，形成更深刻而持久的影响力。

3. 定制化

对北京每个区做资源分析，找准定位，设计区域相关度高的活动，找准目标受众，因地制宜，为不同的区域设计定制化的营销方案。

4. 体验化

亲身感受到的比听和看更能形成深刻印象，活动让受众作为体验者主动感知北京形象，而非被动接受。

5. 多样化传播手段

在活动传播推广过程中广泛利用新媒体、社会媒体、自媒体，利用流行元素打造新闻点。

三、北京旅游形象分析

基于 RIS 框架的北京旅游形象设计，RIS（Regional Identity System）包含理念识别系统（MI）、行为识别系统（BI）、文化识别系统（CI）和视觉识别系统（VI）四个方面。

（一）理念识别系统

理念基础：历史文化名城、古都是形象，宫廷文化、胡同文化、都市文化是根基。

总体构想：北京旅游形象以中国传统文化和现代文明为主线，按照北京16个区资源特点将北京旅游形象划分为"老北京风味、皇城古迹、异域风情、历史遗珍、追源溯古、红色记忆、乡村体验、现代一隅和宗教朝圣"9大模块，以区域资源整合为基础、以活动营销为手段将北京皇家宫廷文化、市井胡同文化、现代都市文化等对国外游客有独特吸引力的旅游文化资源进行传播推广，着力打造和包装北京旅游形象。

（二）行为识别系统

旅游行为识别是以理念识别为核心和基础，渗透于对内的组织、管理、教育以及对外的回馈和参与活动中的动态识别形式。

表 3-5　旅游行为识别

组织	主要内容
政府	1. 北京市旅游委员会应下设旅游专家咨询组，强化对北京各区旅游的宏观管理。 2. 按照需求及时更新北京旅游发展规划并严格执行。 3. 质量检查部门严格规范企业服务行为，保障旅游者合法权益。 4. 加强全市人民精神文明建设，提高全民旅游意识。 5. 加大旅游基础设施建设力度，整合旅游资源，统筹管理。
企业	1. 旅游企业集团严格施行现代企业制度。 2. 旅游服务程序、服务规范和服务标准要依据统一标准。 3. 制定内部各种有效的管理制度。 4. 加强员工培训，增强员工服务水平。 5. 制定景点详细规划。
居民	1. 语言文明：文明用语，规范使用普通话。 2. 行为文明：保护环境，热心对待国际友人。

（三）文化识别系统

北京作为历史文化名城，其深厚的文化积淀彰显了它的文化特色。北京也是世界文化的大舞台，闪耀着世界各国的文化光芒。同时，北京作为中国的首都，其变化日新月异，突飞猛进。在国际旅游市场上，中国最富吸引力的元素就是悠久的东方文化和巨大的建设成就。其具体文化魅力体现在以下9个方面：

1. 老北京风味

指市井民俗文化，主要包括齐白石故居、郭沫若故居等名人故居，辟才胡同、丰盛胡同等特色胡同和四合院建筑，北京京剧院等音乐戏剧演出场所，以及古茶楼、古戏台等。

2. 皇城古迹

指皇家宫廷文化，主要包括故宫博物院内的三大殿及两厢建筑，恭王府、庆王府等王爷府第，以及钟楼、鼓楼等皇宫配套建筑，后海、北海、颐和园、圆明园等皇家园林。

3. 异域风情

朝阳区的一些国外大使馆。

4. 历史遗珍

"天下第一雄关"的居庸关、明十三陵、八达岭长城等世界闻名的承载深厚文化内涵的景点。

5. 追源溯古

如房山区的周口店北京人遗址、西周燕都遗址、中国第四纪冰川遗迹等。

6. 红色记忆

如平北抗日纪念馆、平北红色第一村、门头沟京西革命根据地、怀柔第一党支部等资源。

7. 乡村体验

大兴区、平谷区等地的自然风光以及乡村文化体验区，让游人感受到都市以外的乡村风光与多样的乡村休闲方式。

8. 现代一隅

除了奥运遗产和 APEC 会议设施外，还体现在改革开放以来中国的国民经济、科学技术、文化教育和北京的城市建设以及人们生活发生的巨大变化。

9. 宗教朝圣

主要包括法源寺、报国寺等宗教寺庙和东交民巷天主教堂等，见证多种宗教的融合发展。

(四) 视觉识别系统

旅游视觉识别系统包括基本要素和应用要素。基本要素是指用来传达旅游组织精神内涵的识别符号，包括旅游组织的名称、标准字、标准色、象征图案、造型、宣传标语、口号等。

北京市已经建立自己的旅游官方网站，也开发了北京城市旅游的 APP，注重对自身旅游形象的建立，也使用了"东方古都，长城故乡"、"不到长城非好汉！""活力北京，魅力北京"等具有代表性的宣传口号，旅游形象宣传片的设计上也别出心裁。但目前还需加强的是对于建立的旅游形象做更为深远的国际传播，更应该加强旅游形象视觉识别系统的应用，它的载体包括旅游组织事务用品、旅游纪念品、办公设备、建筑装潢、标牌旗帜、员工制服、产品包装、广告媒体等。

四、受众分析

（一）海外网民对北京旅游的偏好分析

根据海外网民对北京旅游关注的热点得出，海外游客对北京旅游最关心的是景点、饮食、历史和文化，相关讨论量超过88%，这反映出富含历史、文化等元素的景点更能触发海外网民到北京旅游的行为。

其中，北京景点获得的关注度最高，占比高达41.83%；其次是北京饮食、历史和文化，占比分别为19.19%、14.53%和14.08%；而北京特产和北京酒店这两个与旅游密切相关的点并未引起海外网友的大量关注，相关文章仅为1686篇和1483篇，占比分别为2.69%和2.37%。

此外，北京作为中国现代高等教育的发源地，拥有着像北京大学、清华大学这样的一批世界知名高校，不仅在我国高等教育中占据着举足轻重的地位，也成为海外网民讨论北京旅游时的一个亮点。北京交通和北京天气这两大中国网民讨论与关注的焦点则并未受到海外网民的广泛关注，占比仅为1.74%和1.29%。

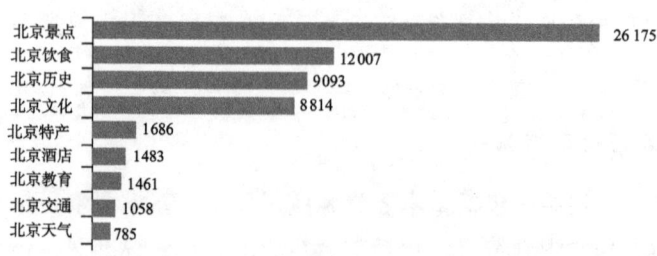

图3-3 海外网民对北京旅游的关注热点

数据来源：星云纵横（北京）大数据信息技术有限公司，国际旅游大数据中心. 中国旅游目的地国际大数据分析报告

（二）针对跨文化传播的分析

根据北京市统计局发布的数据，北京入境旅游市场的地理集中度较高，亚洲主要集中在日本、韩国和中国港澳台地区，亚洲以外主要集中于北美和欧洲的德国、英国和法国等国家和地区。

东北亚及东亚的客源地游客文化认同度较高，旅游者与目的地居民在价值观念、宗教信仰、文化程度方面大致相同时，双方的交流就顺畅而频繁。同时文化传播使得双方原有的知识、观念在一定程度上有所改变，取得一定的文化交流的作用与效果。通过旅游活动，旅游者和目的地双方会有更多的接触与交流。

关于欧美等主要客源地，中国与欧美文化的差异度较高，较多属性完全相异，这种交往所能影响的范围就会缩小，信息交流受阻碍。由于在语言，信仰，心理素质方面存在较大的差异，因此可能会出现矛盾与冲突，引起目的地居民的抵触。为避免这种情况，旅游者应先寻找观念的沟通，尊重客地文化中的传统，对变革传统的非强制性和长期性要给予足够认识。

新媒体成为跨文化传播北京旅游形象的基本载体，一级传播主体通过言语、图像、文字、体态等符号系统，传递知识、交流情感、表达意愿，使得受众受到影响进而多级传播，实现媒体融合下跨文化的共享、互动和创新。通过新媒体对相关营销活动进行传播，可以引起多方有意识与无意识的参与、互动及二级传播，新媒体在跨文化传播的过程中起着十分积极的作用。

五、传播载体

（一）热词活动策划概述

本方案将活动策划作为北京旅游形象传播的主要载体，结合北京各区的搜索关键热词，策划出结合北京各区旅游特色的活动，充分利用会展活动作为一种传播手段在旅游营销中的作用。

①活动名称：北京国际旅游文化汇；

②活动主题："帝都古韵，岁月留京"；

③活动英文名称："Ancient Charm，Golden Years"——Beijing International Tourism Culture Festival；

④活动主办方：国家旅游局、北京市政府；

⑤活动时间：7月；

⑥活动形式：围绕一个主题"帝都古韵，岁月留京"展开，利用北京9个资源片区进行活动的策划，依据资源类型分别下设9个活动进行推广。

（二）活动策划及传播方案

1. 老北京风味："风味北京，铭记于心"

活动地点：什刹海

资源分析："什刹海"代表着浓缩的北京的文化，因此特以"什刹海"为依托将西城区的风格定义为"北京文化"。

活动内容：

①在什刹海内部的不同四合院中开辟不同主题的特色体验教学区，将传统手艺匠人汇聚于此为游客提供演示及教学，如：皮影制作、捏糖人、制作糖葫芦等，将游客参与学习的过程留下影像资料，通过社交媒体发布传播。

②胡同吟诗花灯会：邀请世界各地诗文化爱好者前往什刹海胡同内进行吟诗活动，诗人现场作诗，并将诗写于花灯上，将花灯放于什刹海水面，并邀请著名新派词人方文山为特约嘉宾。

③打造水上实景舞台，挑选有一定语言基础的外国友人学唱评书或京剧，由语言教师、评书艺术家、京剧艺术家共同执教一星期。此后，在北京国际旅游文化汇系列活动举办期间，定期由中国艺术家和外国友人共同参演评书、京剧，以此制造活动新闻点。

【传播方案】

传播主体：政府、旅游行业协会、旅游类企业、传统文化保护传播组织、诗词爱好者组织、活动承办方、国内外媒体工作者、活动参与者

传播渠道：

①政府可通过党政类媒体、国家官方媒体，如人民日报、中央电视台、中央人民广播电台，对整个旅游文化汇进行整体报道。

②旅游行业协会、旅游类企业通过自身微信公众平台推送消息，撰写文章发表在行业媒体进行传播，如中国旅游报。

③传统文化保护行业的媒体通过对不同文化体验区活动以及评书、京剧表演活动的报道,诗词爱好者相关媒体通过对吟诗花灯会的报道,增加本次活动及北京旅游形象的曝光率。

④活动承办方和活动参与者则可在微信、微博、QQ等社交媒体上发布官方或个人与本次活动有关的信息来进行传播。

⑤国内外媒体及媒体工作者可对活动整体及此活动中"外国友人唱京剧"的新闻点进行报道,如BBC、周末画报等。

传播效果:深化西城区老北京风味的旅游形象;深化海外游客对中华传统文化的感知,促进传统技艺传承。

2. 皇城古迹:"黄瓦红墙,几经沧桑"

活动地点:故宫博物院、圆明园

活动内容:

①国际文物修复大赛:在旅游文化汇期间,举办国际文物修复大赛,提前将比赛通知发布到国内外各大博物馆及文物修复机构,参赛者可根据自身主攻修复类别自愿报名参赛。比赛期间,在故宫内设立文物修复体验中心,并将体验者修复作品(修复赝品)收集起来,发起网络投票。

②根据对北京的主要客源国的分析,邀请来自美国、英国、印度、加拿大、韩国、俄罗斯、法国、日本等国家的本土明星,前往圆明园进行景点解说视频及北京介绍视频的录制,依托明星效应形成宣传点。

【传播方案】

传播主体:政府、旅游行业协会、旅游类企业、传统文化保护传播组织、国内外博物院相关负责人、国内外媒体工作者、活动参与者

传播渠道:

①政府可通过多语言版本的国家官方媒体,如人民日报、中央电视台、政府旅游官方网站进行报道宣传。

②旅游行业协会、旅游类企业通过自身微信公众平台推送活动资讯,利用微博发起活动话题讨论。

③传统文化保护行业的媒体对整个活动提前预热,推送相关文物修复知识,以及多个国家代表风采展示,抓住新闻点,吸引眼球。

④博物馆和参与者个人要充分利用自媒体做传播,可在"知乎"问答、

论坛上讨论，做活动现场的视频、图文分享等，扩大活动的影响力。

⑤国内外媒体工作者对活动做持续跟踪报道，娱乐记者则可通过对明星动态的报道，策划新闻专题。

传播效果：感知深厚的皇城文化底蕴，了解发展历程，树立文物保护意识，深化北京古都形象认知。

3. 异域风情："五洲四海，共聚一堂"

活动地点：朝阳区

活动内容：主要客源国直播采访活动。在朝阳区三大使馆区内设置LED大屏连接直播软件，由海外留学生用直播软件对外国友人进行主题为"你对北京的印象"的直播采访，并与现场观众互动，同时在直播现场设置具有各国风情的演出。

【传播方案】

传播主体：政府、旅游行业协会、旅游类企业、国内外媒体工作者、海外留学生、活动参与者

传播渠道：

①政府可通过多语言版本的国家官方媒体、政府旅游官方网站对活动进行报道宣传，在官网设置观看活动现场直播的链接。

②旅游行业协会和企业为活动造势，在主要的搜索引擎如"百度""谷歌"上做热词搜索的竞价排名，对不同场景角色扮演活动做热搜推荐来打响知名度。

③活动承办方和活动参与者可在微博直播，在"知乎"问答、论坛上讨论，做活动现场的视频和图文分享，号召游客广泛参与。

④国内外媒体对活动做现场报道，法制宣传类媒体也可以对热点活动角色扮演及辩论进行宣传。

⑤海外留学生通过与国外友人的交流，向国外友人传播北京旅游形象，并将与国外友人对话采访的过程通过网络直播平台如"映客直播"传播给大众。

传播效果：增强国外友人参与度，在对北京形象的思考中加深对北京的了解。亲身参与并充当活动的传播者，进一步传播北京国际化形象，扩大影响范围。

4. 乡村体验："心随风动，二坝哈筝"

活动地点：北京昌平十三陵水库上游二坝

资源分析：北京哈家制作风筝享誉世界。二坝水塘连片，地形平坦开阔，水草丰盛，野花遍地，鸟傲蓝天，鸭鹅起舞，螃蟹横行，拥有塞外风光的盛景，是一个休闲娱乐好去处。

活动内容：

①二坝地势平坦处设立"风筝哈艺术展示"，陈列并展示哈氏风筝的代表作品。

②"风筝哈艺术展示"厅内使用电子 LED 屏放映微电影《手握一根线》，微电影的素材包括"四代传承""国际展风采""余忆童稚时""草长莺飞正当好"四个主题进行展示，将哈氏风筝的内涵、特点展示出来。

③"心灵盛宴"——每一个风筝的制作其选材、结构、设计都是一场与心灵沟通的盛宴。通过设立手工小作坊，现场展示和亲手制作风筝，更深入地体会风筝文化的魅力。

④心驰神往，放飞风筝，在二坝盛景中穿梭，卸下压力和烦恼，放空心灵，随着手中的风筝线一起享受自由之美。

配套活动：昌平区四大民俗村：羊台子民俗村、麻峪房民俗度假村、湖门民俗旅游度假村、西湖民俗旅游度假村。体验田园风光，季节性果品采摘，天然矿泉水延年益寿。

【传播方案】

传播主体：政府、旅游行业协会、旅游类企业、传统文化保护传播组织、国内外媒体工作者、活动参与者

传播渠道：

①北京旅游发展委和昌平区政府网站都要设置多语言版本的活动专题报道，网站上增加与游客互动的环节，如设置"我为风筝哈传承"的众筹活动。

②旅游行业协会和企业协助政府完成众筹项目，通过自身微信公众号做众筹的进程推进，参与的游客在达到一定众筹金额后即可获得风筝哈传人亲手制作的风筝。

③传统文化保护行业对"风筝哈"现场展示和制作工艺做组织安排，将宣传片上传主要社交媒体上做推广。

④活动参与者可在微信、微博、QQ等社交媒体上发布官方或个人与本次活动有关的信息来进行传播。

⑤国内外媒体对"众筹传承"做新闻话题讨论,对整体活动持续关注。

传播效果:传承并宣扬手工艺品"哈氏风筝",让更多国际游客了解并喜欢上这种娱乐方式,将放风筝打造成休闲娱乐的新选择,成为北京的一张形象名片。

5. 现代一隅:"东方巨龙,中国速度"

活动地点:中国航天博物馆

活动内容:采用360度户外大型球幕技术,展示中国60年来航天的里程碑活动及成就,展示结合民众对于航天未来的期许和祝福。

开端:第一个导弹研究机构——国防部第五研究院成立

青铜时代:1970年4月24日21时31分,中国"东方红"一号飞向太空。这是中国发射的第一颗人造卫星。

白银时代:1987年8月,中国返回式卫星为法国搭载试验装置。这是中国打入世界航天市场的首次尝试。

黄金时代:2003年10月15日,神舟五号载人飞船升空;2005年10月12日,神舟六号搭载两名航天员升空。

探月时代:2007年10月24日18时05分,搭载着我国首颗探月卫星嫦娥一号的长征三号甲运载火箭在西昌卫星发射中心三号塔架点火成功发射。

展望:未来中国航天事业展望

互动内容:可以关注中国航天博物馆的官方微信,在后台发送自己对中国航天事业的期许和想法,经过后台筛选会放在球幕上进行展示。

【传播方案】

传播主体:政府、博物馆相关人员、航天相关人员、国内外媒体工作者、活动参与者

传播渠道:

①政府可通过多语言版本的国家官方媒体和旅游官方网站进行报道宣传,在官网设置观看球幕现场直播的链接。

②博物馆相关人员运营球幕互动的微信后台,负责游客扫码关注、信息筛选、祝福语上球幕等工作,并及时更新球幕动态。

③活动参与者可在微博直播，在"知乎"问答、论坛上讨论，做活动现场的视频和图文分享，号召游客广泛参与。

④国内外媒体及媒体工作者可通过 BBC、周末画报等对活动整体进行宣传。

⑤航天相关人员可通过《中国航空航天杂志》等行业杂志、工作单位官方网站、微信平台等方式扩大对北京旅游形象传播的范围。

传播效果：360 度球幕全方位而立体地展示中国航天成就，增加民众的民族自豪感，成为北京旅游形象的主动传播主体，北京作为中国发展的缩影，其现代化发展的形象也得以进一步深化。

6. 宗教朝圣："凤凰金飞，三教合一"

活动地点：北京海淀区京西凤凰岭风景区

资源分析：凤凰岭风景区中线是儒、释、道三教文化荟萃之地，文化积淀丰厚，与园内其他自然景观相得益彰，构成景区独特的风貌。

活动内容：以凤凰岭景区为对象，借助网站、微信平台、微博话题、户外广告、纸媒等多种媒介开设"我与凤凰岭"论坛，征集游客游记，打造北京"宗教圣地"的旅游形象。

【传播方案】

传播主体：北京宗教办、国内外媒体工作者、活动参与者、凤凰岭景区

传播渠道：

①创办凤凰岭电子杂志，设置宗教专栏，以"凤凰金飞，三教合一"为主版面，介绍凤凰岭三教融合的历程和特色代表。下设"道根于京""佛传在京""儒长于京"三个分主题，结合三个主要宗教在北京的发展历程，突出中国特色和"京味儿"。

②区政府和主要电台媒体做话题深入讨论，在微信公众平台、微博话题、QQ 等社交媒体上发布官方或个人的话题讨论观点。

③国内外媒体进行"我与凤凰岭"游记报道，挖掘其中游客体验的新闻点。

传播效果：体现北京文化的包容性，集众家之所长，形成独特的包容万象的宗教文化，而悠久的历史沉淀所传达的宗教文化的融合性体现着我国宗教信仰自由的开放性态度。

7. 历史遗珍:"大明王朝,千秋功过"

活动地点:八达岭国家森林公园、昌平区的十三陵
活动内容:

①在延庆区的八达岭国家森林公园处和昌平区的十三陵处,开设两个临时剧组,拍摄明代的穿越剧。游客可直接由市区到达两个景点处,按批次进行组建剧组拍摄,游客可自行选择角色扮演。

②八达岭长城处负责组织游客模拟拍摄明代的战争情节、还原长城的修建工程,十三陵处模拟拍摄明代帝王陵墓情节、还原帝王入葬和历史总结。从中体验明代的部分生活,由生至死。之后拍摄成功的相应短片可定价出售,留做纪念。

【传播方案】

传播主体:政府、旅游行业协会、旅游类企业、活动承办方、国内外媒体工作者、活动参与者

传播渠道:

①政府可通过多语言版本的国家官方媒体和旅游官方网站进行活动介绍和宣传。

②现场摄制组和游客可在微博直播,在"知乎"问答、论坛上讨论,做活动现场的视频和图文分享,号召游客广泛参与。

③国内外媒体及媒体工作者可通过做新闻专题"人人能穿越"进行宣传,引发活动热度,吸引注意,扩大影响力。

传播效果:对历史的认知能够通过趣味性体验方式达到,将感知历史、深化体验感和树立旅游形象有机结合在一起,能激发兴趣,形成多级传播,扩大北京历史文化遗产的影响力。

8. 追源溯古:"追源溯古,寻祖归宗"

活动地点:周口店遗址
活动内容:

①结合周口店遗址博物馆,在参观完博物馆后,到遗址可进入区域(或附近区域)建成的系列洞穴,从中开设相应的虚拟现实技术体验馆。

②游客领取古猿人的服装、工具后,佩戴 VR 眼镜(技术人员提前设置

好北京猿人生活的视频），进行一日对北京猿人的远古生活的体验活动。同时，洞穴设计尽量还原化，逼真、实际地完成生活体验。

【传播方案】

传播主体：政府、博物馆相关人员、国内外媒体工作者、活动参与者

传播渠道：

①政府可通过多语言版本的国家官方媒体和旅游官方网站进行活动介绍和宣传。

②博物馆相关人员做虚拟现实的展示视频，上传到优酷、bilibili弹幕网、Ins等中，通过转发评论和发表弹幕等方式制造话题热度。

③参与体验的游客可在微博直播，在"知乎"问答、论坛上讨论，做活动现场的视频和图文分享，号召游客广泛参与。

④国内外媒体可以做新闻专题报道"古猿人的一天"，以情景模拟、复原等作为切入点做宣传。

传播效果：将VR技术和实景模拟体验结合，身临其境地感知古猿人的生活，还原游客的想象，满足求新猎奇的文化心理，增强个人体验感，有利于游客主动传播，扩大北京周口店遗址的影响力，深化北京旅游形象。

9. 红色记忆："反思战争，珍爱和平"

活动地点：丰台区

资源分析：利用热门红色旅游景点，包括卢沟桥与中国人民抗日战争纪念馆等，以"反法西斯战争"为主题体现国际价值，举办"战争与和平"的文化节事活动。

活动内容：

①自由参观卢沟桥、中国人民抗日战争纪念馆、中国人民抗日战争纪念雕塑园。

②在北京世界公园开设其他国家具有爱国主义和民族精神教育意义的展览，展品来自下列单位：法国的诺曼底登陆纪念馆，德国的勃兰登堡门、柏林纪念碑林，美国的林肯纪念堂、林肯公园、自由钟、夏威夷珍珠港、亚利桑那战舰纪念馆、芝加哥的格兰特将军陵墓，印度的甘地纪念馆，南非先民纪念馆。

③配合丰台区政府"卢沟晓月"赏月会的活动，进行"反思战争，珍爱和平"的系列电影播放、游客演讲（可主动要求进行）和一起放飞和平鸽的

活动。

【传播方案】

传播主体：政府、旅游行业协会、纪念馆和公园相关负责人、国内外媒体工作者、活动参与者

传播渠道：

①政府可通过党政类媒体、国家官方媒体，如人民日报、中央电视台、中央人民广播电台，对活动进行整体报道。

②旅游行业协会组织来自不同国家、不同性别和年龄的游客做关于"战争思考"的话题讨论，在微信、微博等社交媒体上宣传。

③被采访者可在微信、微博、QQ等社交媒体上，发起话题讨论，迎合活动策划的内容，宣传红色文化。

④国内外媒体对活动现场做报道。

传播效果：和平和发展是当今时代的主题，通过一系列活动策划，推广北京红色文化，树立其热爱和平、维护和平的旅游形象，吸引游客的关注。

六、活动媒体策划方案

表3-6 活动媒体策划方案

阶段划分	传播对象	传播目的	传播内容	传播形式	媒体选择
第一阶段行业预热	合作伙伴	提升事件活动品牌影响力，促成合作洽谈	本次旅游文化汇的亮点与思路，本次活动对北京旅游的意义	国内媒体宣传	类别：党政媒体、行业媒体 举例：北京日报、中国旅游报
	招商对象	提升事件活动宣传力度，强调新闻点，促进招商工作开展	活动影响力及商业价值	纸媒与线上招商，召开招商说明会	类别：财经媒体 举例：经济观察报
	国内外旅行社	提升旅行社信心和动力，推动旅行社推出国际化优质服务	本次活动对北京旅游行业的意义，活动推广方式	国际大众媒体，多语言版本官网	类别：国内外行业媒体 举例：中国旅游报、

续表

阶段划分	传播对象	传播目的	传播内容	传播形式	媒体选择
第二阶段市场预热	国际市场	吸引目标客源群关注，引导其关注	各区活动及事件内容；合作方名单；推介旅游产品	国际大众媒体、多语言版本官网、自媒体、宣传片	类别：国际通讯社、国际电视台 举例：路透社、BBC
	国内市场	吸引国内游客关注，自觉承担宣传品牌形象的责任	活动内容介绍；预热活动宣传	纸媒、电视、户外广告与自媒体	类别：大众媒体、行业媒体、网络媒体、广电媒体 举例：环球旅行、新浪
	北京市民	吸引北京市民关注，激发市民参与和宣传的热情	预热活动宣传；活动对北京的意义	纸媒、电视、户外广告与自媒体	类别：大众媒体、网络媒体、广电媒体 举例：搜狐、腾讯
第三阶段高潮报道	国际市场	进一步提升影响力，逐步在国际市场上建立北京旅游形象认知度	北京各大旅游资源、各区活动现场直播及新闻报道；转播活动期间各项赛事	国际大众媒体、多语言版本官网、自媒体、宣传片	类别：国际通讯社、国际电视台 举例：路透社、BBC
第三阶段高潮报道	国内市场	打开中国国内市场，使得活动品牌深入人心	各区活动现场直播及新闻报道	纸媒、电视、户外广告与自媒体	类别：大众媒体、行业媒体、网络媒体、广电媒体 举例：周末画报、微博、微信、映客直播、中央电视台
	北京市民	提升民众关注度，形成北京旅游形象走出国门有力支持、推动者的群体	各区活动现场直播及新闻报道	纸媒、电视、户外广告与自媒体	类别：大众媒体、网络媒体、广电媒体 举例：北京晚报、北京电视台
第四阶段持续发酵	旅游行业	总结事件活动效果，强调吸引国际游客的关键点，持续营销，完善事件策划方案	总结活动期间的突破与成绩	纸媒、电视、户外广告与自媒体	类别：行业媒体 举例：中国旅游报

续表

阶段划分	传播对象	传播目的	传播内容	传播形式	媒体选择
第四阶段持续发酵	国内外市场	对活动进行评估与跟进调查,抓住事件中的新闻点做国际宣传,巩固北京旅游形象在国际上的地位	盘点活动期间旅游市场成绩;活动期间新闻点	国际大众媒体、多语言版本官网、自媒体、宣传片	类别:党政类媒体、行业媒体、网络媒体、广电媒体、国外媒体 举例:人民日报、中央电视台
	北京市民	进一步提升事件活动的认同和归属感,通过口碑传播持续发酵影响力	总结本次活动精彩瞬间;活动反馈调查	纸媒、电视、户外广告与自媒体	类别:大众媒体、网络媒体、广电媒体 举例:北京晚报、北京电台

七、总结

本方案通过将北京旅游形象以区域为单位进行细分,以活动及活动的策划传播为载体,制造新闻点,并融合传统媒体、新媒体、新技术等多种方式进行多方位、多角度传播,通过深化受众对北京各区的旅游形象认知来达到对北京总体旅游形象认知加深的效果。

第七节　指尖上的北京:移动互联网时代的旅游形象传播思路

白奔　高颖　贾卉　刘钦[①]

一、引言

北京作为中国的首都,是中国的中心城市,也是外国游客进入中国的大门。

---

① 白奔、高颖、贾卉、刘钦,北京第二外国语学院酒店管理学院。

良好的国际城市形象可以吸引国际游客和投资，促使国内外信息的流通。同时，提升城市形象是增强国家"软实力"建设的重要手段，对于国家发展有重要意义。而在互联网和移动设备迅猛发展的当下社会，手机以其便捷性的特点成为了人们接受各种信息的重要手段，更成为了人们在陌生地方的"引路人"，是人们外出旅行必不可少的工具。因此，通过手机传递城市信息，从而提升城市形象是一个重要的话题，也是这个文案努力解决的问题。为此，我们总结了北京国际城市形象传播现状和存在的主要问题，并根据这些问题提出我们的设计思路。

二、北京国际城市形象传播现状和存在的主要问题

（一）以政府传播为主，城市形象传播主体范围较小，政治化特征明显

北京城市形象对外传播的主体是政府，非政府主体能动作用受限；以商业为目的的宣传较少，商业主体更难发挥其传播力量。同时，作为中国的政治中心，北京城市形象的传播发展较晚，受制于外宣体制的发展，北京城市形象传播本身就具有政治化的特点。

这种传播主体的构成在很大程度上保证了城市形象宣传内容的可靠性以及传播渠道的稳定性，将北京的城市形象映衬在"大国"的光环之下，更易于促使他国外宣部门的承认与接受，但同时也存在很多问题。一方面，非政府主体的范围之广泛是政府主体不易触及到的，这种局限在很大程度上限制了城市形象传播的力量。且政府的姿态与形象偏高，这就导致其难以顾及大量的基础性和细节性内容。另外，政府的严肃性使其局限于自己的思维当中难于创新，又具有单一性的特点。而旅行本身就是一件多群体聚集、欣赏差异的事情，这种事与愿违也不利于北京形象的传播。因此，我们希望在以政府主导的大背景下，可以适当融入非政府团体以及商业主体的力量，共同进行国际形象传播。

（二）大事件传播为主，小细节传播较少

2008年北京奥运会为北京带来的高曝光度达到了到目前为止的历史最高。以美国为例，2008年北京奥运会期间，《纽约时报》与北京奥运会直接相关的报道有499篇。2008年之后虽然报道量有所回落，但也维持在较高的水平上。此外，大型纪录片《舌尖上的中国》《大国崛起》等也成为外国人了解中国、了解北京的有效途径。但是很少有国际游客对到访北京的某一细节留

下深刻印象，若是游客能够通过一草一木对北京城留下不一样的良好的印象，就能促使他们口口相传让更多的人了解北京。如此看来，大事件一劳永逸的传播效果尽管令人欣喜，但大事件的促成需要消耗巨大的时间和人力成本，且受制于机缘的偶然性。因此，在大事件的筹备过程中需要很多小细节和小事件的支撑，二者相辅相成，这也是本文案所要做的事情。

（三）严肃性、传统性传播为主，活跃性、灵活性传播较少

通过前面的描述可以看出，不管是各种大型国际活动、纪录片还是受政府传播主体的影响，北京城市形象传播的内容与方式都是传统性的。这些传播内容必须作为重要部分以奠定城市宣传的基调，以端正宣传态度和保证宣传的真实性。但是其受众必须是对这些内容感兴趣或者抱有如求知等目的的，这样就会在一定程度上缩小了传播范围。因此，我们希望在这些传统性宣传中插入一部分人们喜闻乐见的娱乐性内容，让人们在玩乐之间就能了解到北京城。或者改变传统的宣传方式，通过主要目的地国家主要的社交媒体和社交软件把传统的宣传视频融入到对方的生活之中，在不经意间就看到了北京。

（四）对"古城"文化传播较多，现代化传播较少

众所周知，北京城具有深厚的历史文化底蕴，故宫、长城、天坛等也成为了北京城的代名词，是国际旅游必达的地方。在目前北京城市形象传播当中，更多的是在强调北京的人文历史，充分地显示了老北京的古朴与美丽。但也正因如此，不乏在一些外国人的印象当中，北京城依旧是有着浓浓封建韵味的地方，与现代化毫不相干。但北京同样是中国的经济聚集地之一，是国际大都市，融汇了国家最优秀的高校和众多的创新产业基地，我们需要向游客传达这样的信息以证明北京是可以为在路上的人们提供优质的旅行服务的。因此，将现代化融入宣传之中也是很有必要的。

三、北京国际城市形象传播的设计思路

在了解和分析北京城市形象传播现状和存在问题的基础上，我们设想通过设计游览信息二维码、扩展视频宣传途径、构建沟通社群等方式，打造

"指尖上的北京",以更好地传播城市形象。

(一) 设计游览信息二维码

在我们的生活中,经常可以在电视节目、报纸杂志、广告宣传上发现有二维码的出现,随着拍照和智能手机的日渐普及,我们可以很方便地通过用手机扫描二维码来获得与宣传单位的互动,从而方便、快捷地获取相关信息。在美国,有大约超过80%的手机用户会通过手机扫描二维码来购买相关电子服务产品。二维码的出现带给人们的日常生活很多便利,它可以让媒体的宣传不受时间和地点的限制,有针对性地到达用户的手机客户端。

二维码是一种全新的信息载体技术,与传统以电磁信号为载体的信息传播手段不同的是,二维码技术是以平面图形为载体,这种平面图形几乎不受介质材料的限制,如它们既可以被打印在印刷材料上,也可以出现在电子荧幕上,还可暴露在光盘印刷面上。二维码在横向和纵向两个方位同时表达信息,使得它能在小面积内搭载包括链接、文字、数字等大量的信息,甚至可以存储图像。越来越多的用户和服务提供商开始了解和认识到了二维码技术的经济性和可靠性,使得二维码开始成为一种有效应用于移动电子商务的方式。

手机二维码在我国国内起步较晚,虽然起步较晚,但随着近几年智能手机的普及,已经广泛地受到旅游行业的重视,二维码技术发展势头比较迅猛。未来可发展在以下几类场合中,通过二维码的扫描,传播北京旅游形象。

1. 在机场、火车站、客运总站的出口处和酒店前台摆放含有二维码的北京旅游指南

这份旅游指南,主要由二维码组成。旅游指南中的二维码,不仅可以查询北京的天气情况、交通状况,还能进行门票预订、酒店预订、餐厅预订。此外,二维码中还要包含北京人文风俗的介绍,包括北京城的历史、各种深藏不露的地道美食、老北京人日常的生活和中国人的精神风貌,让游客不仅仅是来北京旅游,更要记住北京的人和事,爱上北京,形成口碑,从而带动北京旅游良性发展。

该旅游指南有以下几种好处:通过二维码的存储特性,在一定程度上增大了传统指南的信息载负量,出门在外的游客都希望轻装简行,二维码旅游指南解决了厚重纸质指南的这个痛点。

纸质指南通过二维码旅游地图符号实现与虚拟世界的互联，成为一种新式的人图交互方式。含有海量北京旅游信息的旅游指南集中在便携的二维码指南中，将北京实体的具象信息和抽象信息组合在一起，丰富了纸质指南的信息表现形式。

在北京各个街区拐角处等显而易见的地方，贴上含有北京旅游信息的二维码。北京网络发达，Wi-Fi 覆盖率极高，信号极好。但是对于手机没有话费的游客，尤其是外国游客，在没有流量的情况下，无法通过扫描二维码指南来获取旅游信息，这时候可以扫描街区里的二维码，连上附近的 Wi-Fi，并且这个二维码也是旅游百事通式的二维码。

为了激励游客多多关注北京的各大景点，可以设计一种奖励机制。如当游客扫码超过 5 个不同街道的时候，并分享到朋友圈、Facebook 等社交网站，可以奖励一定金额的餐饮的代金券。当扫码超过 10 个不同的二维码的时候，可以奖励一定金额的酒店住宿代金券。

2. 二维码门票和二维码地图

在很多旅游景区提供自助售票服务，乘客只需通过扫描二维码购买电子门票，便可游览景区景点。由原来的纸质门票，逐步发展为便捷性高和信息含量大的二维码，不仅节省游客排队等候的时间，还可防止游客因丢失门票而影响旅游。

地图作为客观世界的抽象模型，主要通过数学要素、地理要素和辅助要素的组合，满足人们认识周围环境和事物的需求。随着人们生产力水平的提高、物质生活的极大丰富，对地图内容的需求量逐渐增大。然而，在地图内容的表达上，由于受到地图图幅的限制，始终不可能解决缩小、简化的地图表象与实地复杂现实之间的矛盾。纸质旅游地图因受其载负量限制，不能无限制地将信息显示在地图上，也不能像电子地图那样实现地图符号与属性数据及其他网络多媒体数据的动态链接显示。

人们在查看旅游地图时不仅仅满足于对地物位置信息的获取，更希望能够通过识读地图了解更多关于地物的信息。近年来二维码在平面媒体的应用极大地丰富了平面媒体的信息表达形式，二维码在旅游地图中也得到一定的应用。2012 年 12 月前后，国内多个旅游局相继发布了简单的二维码旅游地图，如烟台市推出的《烟台市二维码旅游地图》和浙江省测绘与地理信息局推出的《2013年杭州交通旅游地图》等。

（二）扩展视频宣传途径

有关新媒体的研究已经有30多年的历史了，而关于新媒体营销的研究也随着对新媒体研究的深入不断发展。不仅在研究领域，在实践中新媒体营销也发挥着它独特的魅力，在各行各业都有不同的体现，比如说以"如家"为例的酒店微信营销，以小米手机为例的"粉丝"营销，以"雕爷牛腩"为例的创新性餐饮企业的微信营销等等。其中旅游目的地由于自身的特殊属性，利用新媒体营销有着天然的优势。随着旅游业的深入发展，市场竞争日益激烈，市场营销已成为大多数目的地的一项战略任务，直接影响着目的地旅游业的竞争力，对目的地营销或者说采用新媒体方式的目的地营销刻不容缓。

众所周知，北京作为中国的政治中心、文化中心和商业中心，是国外旅游者入境旅游的首要选择，但是随着中国各大城市的旅游发展甚至是周边其他国家旅游形象的不断外输，内外压力还是对北京目的地旅游量造成了一定影响。所以如何吸引外国游客到北京旅游，或者说怎么向外国旅游者传递一个良好的北京旅游形象显得至关重要。关于这一点法国巴黎的城市营销就显得分外成功。

另外，经过浏览信息为主的Web 1.0时代、交互分享的Web 2.0时代再到现在个性化聚集的Web 3.0的自媒体时代，特别是随着移动互联网的发展和移动智能终端的普及，以微博、微信、Facebook、Twitter等为主的个性化聚合新媒体平台终将成为营销主流。

所以我们要充分重视起新媒体平台营销，它所带来的营销力度势不可当，特别是视频在新媒体平台营销中更是举足轻重。就拿2015年"十三五"期间复兴路工作室推出的中英文两版《十三五之歌》来说，这首歌在Twitter上一经推出，便迅速受到了国外年轻人的追捧和喜爱，仅仅两天时间，中英文字幕点击量便超过60万次，就连国外媒体也对此视频赞誉有加，《石英》杂志报道称，即使你从未听过中国普通话，观看完视频后也会记住"十三五"这三个字；法新社10月27日指出，中国利用内容欢快且奇幻的音乐视频对国家政策进行宣传，展现出了非同寻常的幽默感，中国在努力吸引外国观众。所以可以看出有趣视频与新媒体平台融合营销影响迅猛有力,大有可为。

那么到底如何利用新媒体平台和视频结合来宣传北京呢?

首先思考用什么平台?视频怎么进入?进入的时间?2012年国际著名第三方认证机构法国国际检验局(BV4)发布的全球品牌报告(排行前十的国外社交媒体)显示,Facebook、YouTube、Twitter这三个社交媒体的品牌影响力最大,所以我们的视频播放也应该选择这类国际知名度较高的社交媒体,这样有利于提高我们传播的广度和深度。另外还可以和国外谷歌合作,让搜索中国的外国朋友可以优先看到北京的相关视频及介绍信息。关于视频时长,由于不同的社交媒体对其要求不一,我们可以灵活操作,但如果在社交平台允许的情况下,视频的长度最好在3—5分钟,这样方便点击观看又不会耗费太长时间,观看体验较佳。

表 3-7　BV4 全球社交媒体排行榜[①]

Rank	Brand	M $	Country
1	Facebook	29 115	US
2	YouTube	18 099	US
3	Twitter	13 309	US
4	Badoo	3 737	UK
5	Linkedin	3 645	US
6	Zynga	3 138	US
7	Habbo	3 079	FI
8	Vkontakte	2 757	RU
9	Tagged	2 385	US
10	Odnoklassniki	2 369	RU

其次,我们应该考虑视频的内容问题。第一点,我们可以采用相关技

---

① 浩钧. 全球社交媒体排行榜. [EB/OL]. 2012-03-07. http://www.techweb.com.cn/internet/2012-03-07/1163042.shtml.

术，比如一些抓取文字的软件，看一看国外网友在社交媒体上或者其他平台上关于中国或者北京的一些关键词，又或者对来京旅游的外国游客进行问卷调查，对其回答进行分析其对北京的关注点。利用大数据，有针对性地制作视频，进行精准营销。第二点，我们要有目标市场，针对年轻人和老年人两个市场，制作不同类型的视频内容。比如年轻人，我们的视频除了一些必要的景点，更关键的要突出好玩性和独特性，要时尚且具有代表性，尽量用轻松幽默的感觉制作；对于银发市场，我们的视频可以更关注健康和安全，特别是北京老人们的健康生活方式之类的内容。只有分清楚市场，我们才能更加有的放矢。

最后，差别投放。视频的制作和推送要考虑在不同的时间段，结合国际大背景，根据不同国情，投放不同的内容。

（三）构建沟通社群

随着网络的发展，人们在日常生活中越来越多地通过手机来关注自己感兴趣的话题、了解别人眼中的世界，当然，也会有许多人想要向社会大众表达自己的态度及想法，把自己作为一个自媒体"推销"自己、展示自己。如此而来，每一个人都可以发出信息，每一个人都是独立的存在，如何在茫茫人海中寻找志同道合的伙伴？如何能在五湖四海中快速搜寻出一群志趣相投的朋友？网络社群的出现无疑是一个福音。网络社群最初是由一个人或几个人创建一个网上空间，随后，越来越多感兴趣的人参与进来，频繁地进行交流互动，逐渐形成一个强关系的网络空间。网络社群的成员一般都是具有某一共同特征而聚集在一起的，所以可以就某一个关注的点展开积极的讨论。

通过调查发现，每天都会有大量的外国游客进入北京，外国人对于北京的印象大多还是停留在故宫、长城、天安门广场等旅游景点上，对北京的认识还是处于传统意义上的古老的层面上，而北京作为现代化大都市的形象并未得到很好的认知，甚至说许多中国人提起北京都也是长城、天安门的概念，王府井、西单、CBD等极具现代化气息的地方却是不甚了解。我们认为，并不是外国游客不关注北京当下的发展，而是我们没有将北京的大都市形象做足宣传。外国友人手里拿的小册子上描述的大多是名胜古迹的具体信息，外国友人口中的北京也大多是停留在比较浅显的认识,一波一波的外国人来到北京参观游览,纵使在中国发现了具有现代化气息的地方,他们之后的传播也只是涉及到部分亲朋好友。如何把这种口头宣传的影响力扩大,我们认为建立一个北京游玩的虚拟社区应该是一个不错的选择。最初要提供极具价值的旅游攻略的干货吸引潜在游客,同时在各大网站植入社区的广告,鼓励中外游客在社区内分享自己的经历及感受。因为涉及到国家形象等较为敏感型的话题,所以这个社区可以是政府参与管理。政府可以分派一些相关部门的人员进驻在社区中,一方面可以深入了解大家关注的重点,对于某些做得不到位的地方加以总结,在日后的工作中进行有效干预和调整;另一方面可以不定期地在社区里分享一些旅游干货、发起某些话题让大家积极参与,无形中对某些大家并不熟知的景点、美食进行宣传。

同时,可以根据现在人们对"游戏化"宣传的选择倾向性,开发一个基于北京地图的寻宝游戏,引导人们更加全面地认识北京。中外游客可以在游戏中体验北京城,通过寻找北京的美食、景点等,感受北京的变化,体验不一样的北京城。就目前而言,名胜古迹的宣传已经在市场上有了一定认知,所以游戏的设计可以将名胜古迹作为吸引游客的方法,之后的设计着重突出北京形象的宣传,可以多关注一下现代化的北京以及能够促进消费、拉动经济增长的点,当然植入要适度,目的是为宣传,但游戏是载体,载体的本质不能丢,不能因植入过多而影响游戏本身的体验质量。通过游戏的每一关卡则可以获得丰厚的奖品,可能是一个景点的旅游攻略,可能是一个随机金额的红包(可以抵扣部分景区的门票),可能是游戏里的某种特权等等,奖品要根据具体关卡的难度系数和游客在那一地点的需要设定。

参考文献

[1] 姚长宏,陈田,刘家明.旅游地形象感知偏差测评模型研究[J].旅游学刊,2009,24(1).

[2] 程圩,隋丽娜.旅游形象感知模型及其应用研究[J].旅游科学,2007,21(1).

[3] 张宏梅,陆林,章锦河.感知距离对旅游目的地之形象影响的分析——以五大旅游客源城市游客对苏州周庄旅游形象的感知为例[J].人文地理,2006(5):25-30.

[4] 杨杰,胡平,苑炳慧.熟悉度对旅游形象感知行为影响研究——以重庆市民对上海旅游形象感知为例[J].旅游学刊,2009(4):190-194.

[5] 张君,陈钢华,黄远水.国内近十年旅游形象感知研究进展与启示[J].乐山学院学报,2010,25(5).

[6] 洪亚丽.基于AHP法的县域旅游形象感知影响因子研究[J].经济研究导刊,2014(20):110-111.

[7] 马明.熟悉度对旅游目的地形象影响研究——以泰山为例[J].旅游科学,2011,25(2):30-38.

[8] 白凯,马耀峰.入境旅游者对我国旅游形象认知的实证研究——兼论北京奥运旅游形象建设[J].陕西师范大学学报,2007(1):115-119.

[9] 程圩,马耀峰,隋丽娜.不同利益细分主体对韩国旅游形象感知差异研究[J].社会科学家,2007(4).

[10] 张佑印,马耀峰,顾静.北京入境旅游流扩散动力机制分析[J].干旱区资源与环境,2012,26(1):122-127.

[11] 沈飞,郭英之.哈萨克斯坦游客对中国旅游形象感知的实证研究[D].复旦大学硕士学位论文,2013.

[12] Mackay K.J., Couldwell C M. Using visitor-employed Photography to Investigate Destination Image. [J]. Journal of Travel Research, 2004, 42(4): 390-396.

[13] 汪婷,陆林. 基于博客的旅游研究信息的提取与分析 [J]. 旅游论坛, 2010, 03 (4): 480-485.

[14] 冯捷蕴, FENGJie-yun. 北京旅游目的地形象的感知——中西方旅游者博客的多维话语分析 [J]. 旅游学刊, 2011, 26 (9): 19-28.

[15] 白凯,马耀峰,李天顺. 旅游目的地游客体验质量评价性研究——以北京入境游客为例 [J]. 北京社会科学, 2006 (5): 54-57.

[16] Armstrong R. W., Mok C., Go F. M., et al. The importance of cross-cultural expectations in the measurement of service quality perceptions in the hotel industry. [J]. International Journal of Hospitality Management, 1997, 16 (2): 181-190.

[17] Samovar L. A., Porter R. E. Intercultural communication : [electronic resource] a reader / [J]. 1991.

[18] 苏倩. 韩国游客来华旅游影响因素分析 [J]. 对外经贸, 2012, (6): 28-29.

[19] 北京市统计局. 2015年北京统计年鉴 [EB/OL]. 2011-2015. http://www.bjstats.gov.cn/tjsj/ndsj/.

[20] 北京市旅游发展委员会. 2015年北京旅游业概况 [EB/OL]. 2016-03-18. http://www.bjta.gov.cn/xxgk/tjxx/382067.htm.

[21] 高静. 国内旅游目的地营销研究现状及展望 [J]. 北京第二外国语学院学报, 2008 (11): 21-29.

[22] 贾磊. 西部城市旅游感知形象研究——基于网络点评的文本分析 [J]. 浙江旅游职业学院学报, 2013 (03): 23-29.

[23] 方成江,薛华菊,曾程程,张文. 旅游微博对青海旅游业的发展影响研究——基于新浪微博的网络文本内容分析 [J]. 旅游经济, 2013 (11): 139-141.

[24] 杨昆,姬梅,陈娅玲. 基于网络游记的西藏旅游目的地形象探析 [J]. 旅游论坛, 2013 (03): 60-65.

[25] Kotler P., Haider D., Rein I. Marketing Places: AttractingInvestment,

Industry, and Tourism to Cities, States and Nations [M]. New York, NY: The Free Press, 1993.

[26] Rønninge M. Norges-Image Blant Utenlandske Turister—En Første Presentasjon av Image-Dimen-sjonene og Analyser[R]. The 7th Nordiske Forskersy mposiom iTurisme. Are 3-6th. Desember, 1998.

[27] 中国旅游舆情传播智库. 日本来华旅游舆情调查报告[EB/OL]. 2015-05-16. http://www.tripinfo.com.cn/a/lvyoudashuju/diaochabaogao/20160516/118.html.

[28] 人民网—日本频道. 麻婆豆腐青椒肉丝 日本人最爱吃的中国菜竟然是……[EB/OL]. 2014-12-24. http://www.chinese.peopledaily.jp/n/2014/1224/c368549-26267171.html.

[29] 卿希泰, 唐大潮. 道教史[M]. 南京: 江苏人民出版社, 2006: 384-385.

[30] 韩凝春, 胡昕. 北京特色商业街发展述论[J]. 北京财贸职业学院学报, 2013(06): 14-18+48.

[31] Landry R., Bourhis R. Y. Linguistic Landscape and Ethnolinguistic Vitality: An Empirical Study. [J]. Journal of Language and Social Psychology, 1997, 16(1): 23-49.

[32] 王明. 眼动分析用于景观视觉质量评价之初探[D]. 南京大学, 2011.

[33] 赵永华, 李璐. 北京城市形象国际传播中受众的媒体选择与使用行为研究[J]. 对外传播. 2015(01).

[34] 马为公, 罗青. 新媒体传播[M]. 北京: 中国传媒大学出版社, 1996.

[35] 王馨语. 大路朝天, 各走一边——从内容看Twitter和新浪微博的不同路线[J]. 新知客, 2010(10): 24-27.

[36] 浩钧. 全球社交媒体排行榜: QQ空间第四 新浪微博第五[EB/OL]. http://www.techweb.com.cn/internet/2012-03-07/1163042.shtml, 2012-03-07.

后 记

一个城市旅游形象的成功塑造和有效传播，对于目的地城市的旅游产业、服务产业乃至整个城市经济社会的发展是一种加速器和催化剂。新西兰的"100%纯净新西兰"、澳大利亚昆士兰的"世界上最好的工作"、纽约的"我爱纽约"等一系列促销活动使这些国家与地区成为世界热点旅游目的地。面临旅游行业重大的发展机遇，北京市城市营销必须从以往的企业为主、零碎的展览式的营销向政府主导、社会参与的城市总体旅游形象国际整合营销与传播转变。传统营销主要侧重产品营销与服务营销，地方（区域与城市）营销是个新领域，是对国家与地方发展具有战略指导意义的领域。本书在撰写的过程中充分利用了北京第二外国语学院旅游、传播和多语种优势，并联合相关机构和企业为北京旅游提供多国别的形象传播方案。此外利用和整合现代新媒体传播技术，实现最新传播技术在旅游行业中的应用与创新发展。

本书由邹统钎拟定大纲，统一组织编写，邹统钎、赵英英负责统稿和文字编辑，杨丽端、王畅、晨星、张一帆等同学参与了本书的编写和相关工作。本书稿的编写工作得到了北京市旅游发展委员会的大力支持！北京市旅游发展委员会副主任王粤，城市形象与市场推介处处长卢川、刘京安，行业管理处处长张靖，大型活动处处长任江浩、孙健，旅游消费促进处处长林亮以及中国旅游研究院国际所所长蒋依依，首都经济贸易大学工商管理学院蔡红教授，北京第二外国语学院齐振海教授、银淑华教授、马爱萍教授，全景客虚拟旅游网CEO马骥，中国旅游报新闻发展中心主任聂晓民，中国旅游研究院研究员吴丽云等对于本书的编写提供了帮助！

本书得到以下项目的支持：北京市教育委员会2013年度创新能力提升计划项目"北京旅游形象国际整合营销与创新传播战略研究（2013—2015

年)"(人文社科艺术类 TJSHS201310031011);北京市社会科学基金(项目编号:15JDJGA006):"'一带一路'背景下京津冀旅游一体化战略研究";教师队伍建设——组织部高创计划教学名师(市级)(PXM2016_014221_000010_00206291_FCG)。

邹统钎
2017 年 1 月 5 日于北京市朝阳区定福景园
E-mail: zoutongqian@bisu.edu.cn